Buch

Die Gründe für die Kommunikationsstörungen und die Beziehungspro-
bleme, die unser alltägliches Leben so belasten, werden gemeinhin im
Rollenverhalten, im Nichtäußern oder unterschiedlichen Sprechen über
Gefühle, in der Ökonomisierung aller Beziehungen gesucht. Gerald
G. Jampolsky und Diane V. Cirincione geben eine andere Antwort: Ur-
sache für alle mißglückten Beziehungen ist die unser gesamtes Leben
dominierende Ego-Manie.
Wir müssen die in Vergessenheit geratene psychologische Wahrheit
wiederentdecken, daß wir ständig negative Gefühle wie Angst, Haß,
Schuld, Unzufriedenheit auf andere übertragen. Diesen Ursprung aller
Beziehungsstörungen können wir nur beseitigen, indem wir unser ge-
spanntes, zwiespältiges Selbstverhältnis heilen. Erst wenn wir mit uns
selbst im reinen sind, können wir auch die Beziehungen zu anderen
Menschen in Ordnung bringen.

Autor

Dr. Gerald G. Jampolsky war Psychiater am Medical Center der University of California in San Francisco, bevor er nach einer tiefgreifenden
Lebenskrise das »Center for Attitudinal Healing« in Tiburon, Kalifor-
nien, gründete, dessen Arbeit mit Schwerstkranken, vor allem Kindern
und Jugendlichen, inzwischen zur Bildung eines Netzwerkes ähnlicher
Einrichtungen im ganzen Land geführt hat. Mit seinen Büchern und
Vorträgen wurde er weltweit bekannt.
Diane V. Cirincione hat zusammen mit Jampolksy zahlreiche Fernseh-
sendungen gemacht; sie hält Vorträge und hat eine Selbsterfahrungs-
Seminarreihe für Frauen entwickelt.

Im Goldmann Verlag sind von Gerald Jampolsky
bereits erschienen:
Die Kunst zu vergeben (13590)
Lieben heißt die Angst verlieren (10381)
Liebe überwindet alle Grenzen (12505)
Wenn deine Botschaft Liebe ist (13611)

GERALD G. JAMPOLSKY

DIANE V. CIRINCIONE

LIEBE
IST DIE
ANTWORT

Beziehungen positiv gestalten

Aus dem Amerikanischen
von Karin Petersen

GOLDMANN

Umwelthinweis
Alle bedruckten Materialien dieses Taschenbuches
sind chlorfrei und umweltschonend.

Der Goldmann Verlag
ist ein Unternehmen der Verlagsgruppe Bertelsmann

Vollständige Taschenbuchausgabe November 1994
Wilhelm Goldmann Verlag, München
© 1993 der deutschsprachigen Ausgabe
C. Bertelsmann Verlag GmbH, München
© 1990 der Originalausgabe
by Gerald G. Jampolsky und Diane V. Cirincione
Originalverlag: Bantam Books, New York
Originaltitel: Love is the Answer. Creating Positive Relationships
Umschlaggestaltung: Design Team München
Druck: Elsnerdruck, Berlin
Verlagsnummer: 12605
ss · Herstellung: Stefan Hansen
Made in Germany
ISBN 3-442-12605-3

3 5 7 9 10 8 6 4

Widmung

Wir widmen dieses Buch mit unendlicher Liebe und Achtung unseren Eltern, Tillie und Leo Jampolsky, Thomas Cirincione, Filomena Biele Girard und Lawrence Aime Girard. Sie waren unsere wichtigsten Lehrer. In unserer Beziehung zu ihnen haben wir so vieles gelernt – auch die Macht von Liebe, Akzeptanz und Vergebung. Unsere Dankbarkeit für jede Erfahrung, die wir mit ihnen gemacht haben, ist größer, als wir es mit Worten ausdrücken können.

Inhalt

Einleitung

In diesem Buch geht es um die Heilung von Beziehungen jeglicher Art. Die Grundsätze, die wir hier beschreiben, lassen sich auf die Beziehungen zu unseren Eltern, Kindern, Ehegefährten, Geliebten, Verwandten, Freundinnen und Freunden, Geschäftskollegen, Mitarbeitern und Vorgesetzten anwenden. Nach diesen Prinzipien können wir auch heilsam einwirken auf unsere Verbindung zu Exehemännern und Exehefrauen oder zu Lehrern, Ärzten und Politikern, deren Entscheidungen unser Leben beeinflussen. Wir können letztlich unsere Beziehung zu jedem Menschen, mit dem wir in Berührung kommen, verbessern.

Inhalt dieses Buches ist darüber hinaus die Heilung unserer Beziehung zum Planeten Erde, zu Gott, zu unserer Quelle, zur Natur oder welchen Namen Sie der lebenspendenden Kraft im Universum auch geben möchten. Und ebenso wichtig ist, daß es in diesem Buch um die Heilung der Beziehung zu uns selbst geht, damit wir tiefen inneren Frieden erlangen.

Wenn wir unser Leben und die vielen Herausforderungen der heutigen Welt nicht mit ausgesprochen wachen Augen betrachten, fällt es uns wahrscheinlich schwer zu erkennen, daß die grundlegenden Probleme, mit denen wir konfrontiert sind, in erster Linie unsere Beziehungen betreffen. Wir vergessen leicht, daß Beziehungsprobleme keine isolierten Ereignisse sind. Sie sind nicht darauf beschränkt, daß wir lediglich Schwierigkeiten haben, mit einem Menschen zu kommunizieren. Vielmehr sollten wir uns daran erinnern, daß wir mit unserer gesamten Umgebung in Beziehung stehen, mit Pflanzen, Wasser, Luft und allem, was das Leben auf diesem Planeten nährt und erhält.

Die zunehmende Angst und Anspannung in der Welt hat zu einem alarmierenden Anwachsen von Drogenmißbrauch und Suchtverhalten, körperlicher und seelischer Mißhandlung, Inzest, Selbstmord von Jugendlichen, Scheidungen sowie von alleinerziehenden Müttern und Vätern geführt. Auch die Sorge um die Folgen des sauren Regens, der Vernichtung der Regenwälder und des Abbaus der Ozonschicht steigt. Dazu kommt die AIDS-Krise, die große Angst und Hysterie hervorgerufen hat, welche das allgemeine Gefühl von Getrenntheit und Isolation noch verstärken.

Unsere Beziehungen zueinander, zu unserem Planeten und zum Universum sind niemals von größerer Wichtigkeit gewesen. Wir besitzen das Wissen, um zu verstehen, welche Auswirkungen unser Verhalten auf die Erde hat, und wissen auch, wie wir diese Auswirkungen unter Kontrolle bekommen können. Dennoch fahren wir fort, Dinge zu tun, die unseren Lebensraum und die Gesundheit zukünftiger Generationen bedrohen. Wir hätten in so vielen Bereichen unseres Lebens die Möglichkeit, uns in Frieden und Freundschaft zusammenzuschließen, und trotzdem schwebt die Bedrohung eines atomaren Krieges weiterhin über all unseren Köpfen. Viele Menschen glauben, daß die Welt an einer schweren Krankheit leidet und nach unserer Liebe und Hilfe schreit, die ihr Heilung bringen können.

Wie sieht die Krankheit aus, die unserer Welt soviel Leiden bereitet, und was bedeutet ihr Schrei um Hilfe? Von Mutter Teresa stammt die Äußerung, daß das einschneidendste Übel heute die »spirituelle Verelendung« sei. Damit ist das Gefühl gemeint, Liebe nicht verdient zu haben, nicht liebenswert zu sein, keine Liebe geben oder empfangen zu können; das Gefühl, durch eine Mauer von uns selbst, von anderen und von der Schöpferkraft getrennt zu sein.

Spirituelle Verelendung ist ein Geisteszustand, bei dem wir meinen, innerlich leer zu sein, getrennt von dem spirituellen Wesen, das jeder von uns in Wirklichkeit ist. Es ist ein Zustand des Vergessens, in dem wir uns nicht daran erinnern können, daß wir Liebe sind.

Dieses Buch beruht auf der Überzeugung, daß wir alle die Möglichkeit haben, umzudenken und zu erkennen, daß Liebe die mächtigste heilende Kraft ist, die es gibt. Und wenn wir das erkennen, wird sich diese Liebe in unserem Austausch mit dem Planeten und seinen Bewohnern widerspiegeln.

Das Thema dieses Buches ist Hoffnung, Glaube, Vertrauen, Liebe und Vergebung. Es verbreitet mit Nachdruck die gute Nachricht, daß die schlechten Nachrichten nicht stimmen. Wir sollten all unsere Überzeugungen kritisch prüfen und uns fragen, ob sie uns inneren Frieden und Glück schenken oder uns Konflikte, Schmerz und Leid einbringen.

Immer mehr Menschen beginnen zu spüren, daß es einen anderen Weg des Denkens, Wahrnehmens und Handelns geben muß. Und der Beginn einer neuen Weltsicht geht wahrscheinlich mit einer Neueinschätzung unserer Glaubensmuster einher. Schließlich sind Wahrnehmung, Erleben und Erwartungen durch das bestimmt, was wir glauben. Wenn wir bereit sind, unser eigenes Glaubenssystem mit anderen Augen zu betrachten, können wir anfangen, neu zu entdecken, wer und was wir sind, und erneut definieren, wie unsere wahre Bestimmung auf der Erde aussieht.

Die Gefühle, die wir zu den schmerzlichen, ungeheilten Beziehungen in unserem Leben entwickeln, tragen wir hinaus in die Welt. Jetzt ist jedoch die Zeit gekommen, um unser eigenes Herz um Hilfe zu bitten, damit wir einen anderen Weg der Kommunikation finden und stabile, liebevolle Beziehungen entwickeln.

Obwohl die Welt auf den Gebieten Naturwissenschaft, Medizin, Pädagogik oder Nachrichtentechnik erstaunliche Fortschritte zu verzeichnen hat, liegt noch immer ein langer Weg vor uns, wenn es um liebevolle und harmonische Kommunikation in unseren sämtlichen Beziehungen geht. Wir haben Riesenschritte bei der Erforschung des Mondes und des äußeren Raumes der Welt gemacht, jedoch gleichzeitig sind viele von uns nicht in Kontakt mit den inneren Räumen ihres Herzens und ihres Verstandes oder haben noch nicht einmal begonnen, diese kennenzulernen.

Mit diesem Buch öffnen wir die Türen für die Erforschung der inneren Räume unseres Geistes, um Licht in die Dunkelheit zu bringen, die die Wunden der Vergangenheit umhüllt. Wir erforschen den Mechanismus unseres Verstandes und die Abwehrstrategien, die wir gegen Liebe und Frieden entwickelt haben. Wir schauen uns an, welche Möglichkeiten es gibt, Unerledigtes aus unserer Vergangenheit abzuschließen. Wir lernen zu begreifen, wie wichtig es ist, Schuld und Angst loszulassen, und welch grenzenlose Wohltaten mit der Erkenntnis einhergehen, daß Vergebung der Schlüssel zum Glück ist, und wir Liebe nur dann erleben können, wenn wir sie auch geben.

Die Herausforderung besteht darin, daß wir die Wahl haben

Das Buch handelt von Liebe und Vergebung. Es geht darum zu lernen, der Stimme der Liebe in unserem Herzen zu lauschen. Es weist uns mit Nachdruck darauf hin, daß wir uns in jedem Augenblick unseres Lebens – ganz gleich, was geschieht – für Liebe statt für Angst entscheiden können.

Es ist manchmal nicht einfach, diese Gedanken in unserem Leben zu verwirklichen; aber wenn wir es tun, kann das große und oft tiefgreifende positive Auswirkungen auf unsere Beziehungen haben. Trotzdem kämpfen wir immer noch und stellen dabei fest, daß jeder Tag uns neue Herausforderungen beschert. So können wir beispielsweise der Versuchung, uns selbst und andere zu kritisieren, nicht immer erfolgreich widerstehen.

Jeder Tag schenkt uns jedoch auch neue Gelegenheiten, die uns lehren, daß nur wir selbst verantwortlich sind für das, was wir erleben; daß wir jederzeit beschließen können, uns nicht als Opfer zu betrachten, sondern als Menschen, die ihr Bestes tun, um zu lieben und loszulassen und sich selbst und andere nicht mehr zu verurteilen.

Wir heißen Sie von ganzem Herzen zu der nun folgenden Reise zu positiven Beziehungen willkommen und hoffen, daß wir alle die grenzenlose Macht der Liebe erkennen werden, die jeder von uns in sich trägt und in der wir alle eins sind, denn ganz gleich, wie die Frage lautet – Liebe ist immer die Antwort.

Teil 1

Die Heilung von inneren Einstellungen

Vergeben heißt heilen

Die meisten von uns machen die Erfahrung, daß in Beziehungen, die eigentlich harmonisch sein könnten, Spannungen auftreten. Jedoch gibt es eine Seite in unserem Wesen, die mit den Menschen und Problemen, die uns deprimieren, wirklich Frieden schließen *will,* und glücklicherweise beginnt die Gestaltung von positiven Beziehungen bei uns selbst. Was wir glauben, was wir sehen und was wir erleben, hängt direkt davon ab, welche Gedanken wir hegen.

Wir vertreten deshalb in diesem Buch die Meinung, daß *sämtliche* Beziehungen geheilt werden können, so daß der innere Friede, nach dem wir alle suchen, für uns möglich wird. Erreicht werden kann diese Heilung durch eine »psychologisch-spirituelle« Herangehensweise, die auf den Grundsätzen der Heilung von inneren Einstellungen beruht. Heilung von inneren Einstellungen heißt der Prozeß, in dessen Verlauf wir die ängstlichen, schuldbesetzten, ärgerlichen und negativen Gedanken loslassen, die so viele von uns mit sich herumtragen. Diese Form von Heilung beruht auf der Überlegung, daß die Ursache für unseren Ärger nicht bei anderen Menschen oder äußeren Umständen liegt, sondern daß die eigenen Gedanken und inneren Einstellungen, die wir *zu* Menschen und Lebenssituationen haben, uns Kummer bereiten.

Bei der Heilung von inneren Einstellungen wird Gesundheit definiert als »innerer Friede« und Heilung als »das Loslassen von Angst«. Das ist der Weg, unsere eigenen verzerrten Wahrnehmungen zu korrigieren. Das wertvollste Geschenk, das uns das Universum gemacht hat, besteht wahrscheinlich darin, daß wir über unser Denken frei entscheiden können.

Durch die Heilung von inneren Einstellungen, wie sie in

Man kann die Welt auch mit anderen Augen betrachten.

diesem Buch vorgestellt wird, können wir lernen, unsere
Gedanken frei zu wählen. Indem wir uns darin üben, sind
wir in der Lage, sämtliche Illusionen loszulassen, die Getrenntheit erzeugen, wie zum Beispiel die Illusion, wir könnten glücklich werden, wenn wir andere Menschen dazu
bringen, sich zu verändern, damit sie in unser Bild passen
und wir die »Kontrolle behalten« und uns »sicher fühlen«.
Wir können ängstliche, negative und schuldbesetzte Gedanken loslassen, die unsere Beziehungen einschränken und
dazu führen, daß wir uns getrennt fühlen.
In diesem Buch werden wir zwei Möglichkeiten besprechen,
die Welt zu erfahren. Wir haben immer die Wahl, ob wir auf
die Stimme des Egos oder auf die Stimme der Liebe hören
wollen. Wir können nur dann positive Beziehungen herstel-
len, wenn wir uns für die Liebe entscheiden.
    Jeder von uns wurde mit der Fähigkeit geboren, Liebe
anzunehmen, bedingungslos zu lieben und Liebe in all seine

Beziehungen einzubringen. Unsere Investitionen in das Ego sind es, die uns daran hindern, für die Allgegenwart der Liebe wach zu sein. In diesem Buch werden wir beschreiben, wie es möglich ist, unsere Bindung an die Stimme des Egos zu lösen und anzufangen, auf die Stimme der Liebe zu hören.

Das Ego und seine Abwehrstrategien gegen die Liebe

Sie werden feststellen, daß wir den Begriff *Ego* etwas anders verwenden, als die meisten Psychologen und Psychiater. Wir definieren das Ego als den Teil von uns, der glaubt, daß unsere Identität beschränkt ist auf einen Körper und ein Ich, die nur geboren wurden, um zu sterben. Es verneint die Existenz unserer spirituellen Identität, die Existenz eines Selbst, das nicht durch die physische Form begrenzt ist. Oft spricht das Ego zu uns in Form einer geschwätzigen inneren Stimme, die andere Menschen und uns selbst kritisiert und verurteilt. Das Ego ist die Quelle für sehr viel Negativität in unserem Leben.

Die Hauptbotschaft des Egos ist Angst – Angst, daß wir ganz allein sind, verlassen in einer Welt des Mangels, und daß wir stets auf der Suche sind, ohne das Gesuchte jemals zu finden. Das Ego betrachtet die Welt als einen Ort der Getrenntheit – einen Ort der getrennten Körper, der getrennten Gedanken und der getrennten Herzen. Es glaubt nicht an Ganzheit oder Einssein. Es weiß nicht, was Welt heißt, und sieht in jeder Form von Frieden einen Feind. Es läßt uns glauben, daß Liebe nur dann entsteht, wenn wir zuerst an unsere eigenen egoistischen Bedürfnisse denken.

Um Liebe zu ersetzen und damit von uns fernzuhalten, verleitet uns das Ego dazu, aus allen möglichen Dingen

Götzen zu machen. Die Idole des Egos sind der Körper, Sex, Drogen, Leid, Spiel, Versagen, Schuld, Geld und eine ganze Reihe weiterer materieller, weltlicher Dinge. Das Ego will nicht, daß wir unsere innere Welt und unser Herz erforschen, um unser spirituelles Wesen zu entdecken. Es möchte, daß wir vor Gott Angst haben oder glauben, daß es keinen Gott gibt. Der Gott des Egos belohnt uns zwar für gutes Verhalten, kann jedoch jederzeit grausam und strafend eingreifen.

Das Ego redet uns ein, wir müßten Forderungen stellen und bereit sein, uns über andere Menschen hinwegzusetzen, um zu bekommen, was wir haben wollen. Es sagt uns, wir sollten uns ständig daran erinnern, daß unser Ärger und unsere Angst gerechtfertigt seien, daß wir Wünsche nur durch das von diesen Gefühlen geprägte Verhalten erfüllt bekämen und daß »Angriff« und »Verteidigung« die beste Möglichkeit seien, uns und unsere Familie zu schützen.

Um noch besser zu verstehen, wie das Ego uns daran hindert, die Allgegenwart der Liebe wahrzunehmen, wollen wir uns einmal vorstellen, daß wir der Stimme des Egos in seiner »Kontrollzentrale« zuhören. Wir würden etwa folgendes zu hören bekommen:

»Beziehungen haben den Sinn, mir meine persönlichen Bedürfnisse zu erfüllen und meine eigenen Interessen vor das Wohlergehen anderer zu stellen, selbst wenn es dazu führt, daß ich mich getrennt von anderen fühle. Ich möchte in meinen Beziehungen sofortige Befriedigung erleben, und körperliche und sexuelle Befriedigung stehen ganz oben auf meiner Liste.

Ich möchte niemals von irgendeinem anderen Menschen kritisiert werden oder Unstimmigkeiten mit ihm erleben. Es soll immer alles so geschehen, wie ich es will, und ich möchte auch dann geliebt und akzeptiert werden, wenn ich mich feindlich, abscheulich oder aggressiv verhalte.

Sämtliche Beziehungen haben den Sinn, dir und allen anderen zu zeigen, daß ich die Macht habe. Ich bestimme die Richtung. Wenn es in unserer Beziehung an Harmonie fehlt, habe ich immer recht, und du hattest unrecht. Und ich möchte, daß du folgendes wirklich einsiehst: Sollte es jemals Probleme in unserer Beziehung geben, liegt die Ursache bei dir, und die Vorwürfe gehen an deine Adresse.«

Das Ego fährt fort:

»Es gibt eine Doppelmoral, und die besagt, daß es in Ordnung ist, wenn ich besitzergreifend, eifersüchtig, kontrollierend und manipulierend bin und mich gleichzeitig auch unehrlich und irreführend verhalte, dir Dinge verschweige und Affären habe. Aber für dich gilt das in keiner Weise.

Ich stelle die Gesetze für sämtliche Beziehungen auf, und eines meiner Hauptgesetze heißt, daß dir nicht verziehen wird, wenn du dich in irgendeiner Weise so verhältst, wie ich es nicht will.«

Das Ego sieht Beziehungen sehr negativ. Es hält sie für gefährlich und potentiell feindlich. Es möchte, daß wir uns lieber auf Unterschiede als auf Ähnlichkeiten konzentrieren, und redet uns ein, die Unterschiede zwischen Menschen seien eine potentielle Quelle für tiefe Verletzungen im Leben.

Das Ego rät uns, wir sollten die Wunden der Vergangenheit niemals loslassen, weil es von entscheidender Wichtigkeit sei, daß wir uns immer daran erinnern, wie gefährlich Beziehungen sein können. Es möchte uns glauben machen, wir wüßten ohne unsere Angst nicht, wie wir uns schützen sollen und wie wir sicher und geborgen leben können.

Das Glaubenssystem der Liebe

Liebe sieht die Welt mit anderen Augen. Vom Standpunkt des spirituellen Selbst, das reine Liebe ist, besteht der Sinn unserer Beziehungen darin, daß wir Verbundenheit erfahren und uns daran erinnern, daß Liebe die einzig wahre Realität ist. Statt sich auf individuelle Unterschiede zu konzentrieren, schaut Liebe auf die Ähnlichkeiten und die Dinge, die wir alle als spirituelle Wesen gemeinsam haben.

Liebe betrachtet Beziehungen als Möglichkeit zum Lernen und als Herausforderung für unser persönliches Wachstum. Statt uns Beziehungen als angsteinflößend und gefährlich vorzuführen, hilft Liebe uns, in anderen Menschen Gottes Antlitz zu sehen, das uns an unsere eigene Göttlichkeit erinnert.

Liebe ist beständig. Sie stellt keine Fragen und fällt keine Urteile. Sie ist immer freundlich und behutsam. Sie wächst und entfaltet sich kontinuierlich und dehnt sich über alle Begrenzungen hinweg aus. Wenn wir uns für das Glaubenssystem der Liebe statt für das des Egos entscheiden, entdecken wir wieder, daß Glück unser natürliches Erbe und unser natürlicher Seinszustand ist.

Die Brücke

Wie können wir uns verändern? Wie lassen wir das Glaubenssystem des Egos los und fangen an, das Glaubenssystem der Liebe zu akzeptieren? Die Antwort ist einfach, auch wenn unser Ego wahrscheinlich versuchen wird, uns einzureden, es sei zu schwierig.

Die Antwort liegt in der »Brücke des Vergebens«. Die Grundpfeiler für diese Brücke werden auf dem Boden reiner Liebe gebaut, wo niemand etwas tun kann, was unverzeihlich wäre. Wenn wir diese Brücke überqueren, entdecken wir, daß jedes Wesen unsere ganze Liebe verdient, und wir können lernen, die Blockaden unserer Ego-Wahrnehmungen loszulassen, so daß wir andere, uns selbst und die Quelle allen Lebens wieder bedingungslos annehmen können.

Über die Brücke des Vergebens zu schreiten, heißt, die wichtigste Brücke im Universum zu überqueren, die Brücke, die uns zu einer Fülle von Liebe, Frieden und Glück führt. Auch wenn unser Ego sein möglichstes versuchen wird, uns zu hindern, diese Fülle zu sehen, ist die Brücke des Vergebens immer da. Sie lädt uns ein, sie zu beschreiten, und sie garantiert uns, daß mit ihrer Hilfe unsere Beziehungen geheilt werden und wir mehr Liebe und Frieden erfahren können, als wir uns jemals haben vorstellen können.

Der Weg über die Brücke, den wir im folgenden beschreiben werden, ist voller grenzenloser Freude und Hoffnung, denn wir entdecken dabei Liebe und Vergebung, die schon immer in unserem Herzen lebten und die all unsere Beziehungen heilen werden.

Vergebung ist der Schlüssel zum Glück.

Teil 2

Wozu sind Beziehungen da?

*Benutzen Sie nicht Beziehungen,
um an der Vergangenheit festzuhalten,
sondern erschaffen Sie sich selbst und Ihre Beziehungen
täglich neu. Eine einzige Minute, ja sogar
noch weniger Zeit, reicht aus,
um Sie von der Vergangenheit zu befreien.*

Auf unseren Reisen haben wir mit Menschen in der ganzen Welt gesprochen und sind vielen Männern und Frauen begegnet, die, an weltlichen Maßstäben gemessen, erfolgreich sind und in ihrem Leben sehr viel erreicht haben. Einige sind sogar zu großer Berühmtheit und Reichtum gelangt. Doch trotz all ihrer Erfolge sagen sie sich: »Es muß doch noch mehr im Leben geben!« Ganz gleich, was sie für sich und ihre Familien erreichen konnten, sie fühlen sich dennoch innerlich leer.

Viele Menschen beginnen sich zu fragen, ob sie in ihrem Leben die richtigen Ziele verfolgen. Oft haben sie unter großem Streß sehr schnell Karriere gemacht und wenig Zeit für das private Leben gefunden. Sie konzentrieren sich meist auf Geld statt auf Liebe. Viele wurden zu Workaholics – hart arbeitende Menschen, die in der Welt Beträchtliches erreichen, um der Leistungsmensch zu sein, an dem, so glauben sie, ihre Eltern Gefallen finden. Sie sind so mit Arbeit beschäftigt, daß sie wenig Zeit für Familie und Freunde erübrigen.

Viele haben zahlreiche Freunde und stellen trotzdem fest, daß es – wenn überhaupt – nur wenige Menschen in ihrem Leben gibt, bei denen sie das Gefühl haben, ihnen alles mitteilen zu können, was in ihrem Herzen vorgeht. Andere haben sehr hart für ihre berufliche Karriere gearbeitet, aber in ihrem Privatleben sind ihnen Liebe und tiefe Begegnungen immer mehr entglitten.

Vielleicht haben wir die falschen Ziele gewählt und waren uns über den Sinn unseres Lebens nicht im klaren. Vielleicht sind Beziehungen für viele von uns deswegen nicht befriedigend verlaufen, weil wir uns nicht darüber bewußt waren, welchen *Sinn* sie haben. Offensichtlich ist das ein Thema, mit dem wir uns nicht sehr oft beschäftigen. Und wenn wir versuchen, uns mit ihm auseinanderzusetzen, erweisen sich unsere Antworten als sehr vage.

Damit wir Beziehungen verstehen und ein besseres Gespür dafür entwickeln, wie wir sie positiver gestalten können, ist es ganz wesentlich, daß wir klar verstehen, wozu sie eigentlich da sind.

In den Augen der Liebe ist das Ziel des Lebens innerer Frieden, und der wahre Sinn all unserer Beziehungen besteht darin, daß wir uns miteinander verbinden. Wenn wir in unserem Herzen glauben, daß der wahre Sinn des Zusammentreffens von zwei oder mehr Menschen darin beruht, eine echte Verbindung herzustellen, werden Prozesse in Gang gesetzt, die Frieden, Harmonie und Liebe in diese Beziehung bringen können.

Im System des Egos ist der Sinn von Beziehungen Getrenntheit. Getrenntheit hat ihre eigene Dynamik, durch die Konflikte, Disharmonie, Angst und Mißtrauen aktiviert werden.

In diesem Buch werden wir diese beiden Glaubenssysteme – das der Liebe und das des Egos – einander gegenüberstellen, so daß wir uns klarer entscheiden können, nach welchem wir leben wollen.

Unser eigenes Leben klarer sehen

Manchmal können wir dann am besten etwas über uns selbst erfahren, wenn wir einem Fremden erklären müssen, worum es uns im Leben geht. Stellen wir uns zum Beispiel einmal vor, wie es wäre, wenn Wesen von einem anderen Planeten uns auf der Erde besuchen kämen, um uns zu fragen, wozu Beziehungen da sind.

Was mögen sie sehen und welche Fragen mögen sie uns

stellen, wenn sie anfangen, sich auf unserem Planeten umzu-schauen? So könnten unsere Besucher zum Beispiel in ein Kaufhaus gehen und sehen, wie ein Kunde mit einem Ange-stellten spricht und ihm Vorwürfe macht, weil er ihm be-schädigte Ware verkauft hat. Welchen Reim mögen die Besucher aus dem Weltall sich auf diese Szene machen? Sie könnten sich sagen: »Nun, ich nehme an, Beziehungen sind unter anderem dazu da, daß du jemanden findest, den du anbrüllen kannst, wenn du nicht genau das bekommst, was du haben willst.«

Dieselben Besucher betreten ein Büro und sehen, wie Joe, der Vorgesetzte, Barbara, die Angestellte, dafür fertig-macht, daß sie in diesem Monat zuwenig geleistet hat. Statt mit ihr zu besprechen, was sie besser machen könnte, droht Joe, Barbara zu feuern, wenn sie ihre Arbeitsleistung nicht innerhalb der nächsten zwei Wochen steigert. Daraus mö-gen die Besucher für sich den Schluß ziehen: »Wahrschein-lich sind Beziehungen auch dazu da, jemandem Vorwürfe zu machen und Schuldgefühle einzuflößen, wenn du dein Leistungssoll nicht erfüllst.«

Als nächstes besuchen unsere Gäste eine typische Familie und sehen, wie Richard, der Vater des zwölfjährigen Mi-chael, wegen einer schlechten Zeugnisnote ärgerlich auf seinen Sohn wird. Daraus entnehmen die Besucher, »daß du in Beziehungen jede Gelegenheit ergreifen mußt, um andere Menschen zu zensieren und zu verurteilen. Du gibst ihnen deine Liebe, wenn sie deinen Erwartungen entsprechen, und entziehst sie ihnen, wenn ihr Benehmen dir nicht gefällt.«

Ein wirkliches Rätsel wäre für unsere Besucher aus dem All sicher, wie wir in unseren Beziehungen mit »gerechtem« Ärger, Schuld und Vorwürfen umgehen und welchen Wert wir alldem beimessen. Sie würden bestimmt Menschen finden, die glauben, daß einige Dinge im Leben unverzeih-lich sind. So könnten sie zum Beispiel auf Juanita treffen, eine Frau, die seit zwanzig Jahren nicht mehr mit ihrer Schwester gesprochen hat, »weil sie mich, als wir Teenager waren, in Gegenwart meines Freundes in eine peinliche Lage gebracht hat«. Daraus könnten die Besucher entnehmen, »daß man Beziehungen benutzen kann, um an sehr alten schmerzlichen Erfahrungen festzuhalten und die zu bestrafen, die unseres Erachtens verantwortlich dafür sind«.

Oder nehmen wir an, die Besucher schauen sich eine Szene zwischen zwei Menschen an, in der einer dem anderen Vorwürfe für Dinge macht, die in seinen früheren Beziehungen geschehen sind. Vielleicht hatte jemand eine schwere Kindheit, das heißt einen Vater, der dem Kind jedesmal dann, wenn es etwas tat, was ihm nicht gefiel, bestimmte Vorrechte nahm. Als Erwachsener bestraft der Mensch, der von seinem Vater so behandelt wurde, jetzt Frau und Kinder auf die gleiche Weise. Daraus könnten unsere Besucher aus dem All schließen, daß Beziehungen dazu da sind, andere Menschen genauso schrecklich zu behandeln, wie wir als Kind behandelt wurden.

Gehen wir einmal davon aus, daß diese Besucher von einem anderen Planeten tatsächlich unsere Gedanken lesen können. Sie nutzen also diese Fähigkeit, unser Denken zu durchschauen, und entdecken, daß wir uns ständig selbst verurteilen. Wir denken ununterbrochen, daß wir nicht begabt genug, schön, reich und noch nicht einmal liebevoll genug sind.

Würden sie etwas gründlicher hinschauen, könnten sie sehen, daß wir diese Form der Selbstverurteilung auch in unseren Beziehungen praktizieren. Den Besuchern mag auffallen, daß wir oft unwissentlich nach Menschen Ausschau halten, die die gleichen Züge aufweisen, die wir an uns selbst nicht mögen, um sie dann an anderen zu kritisieren und herunterzumachen. Daraus mögen die Besucher entnehmen, daß Beziehungen dazu da sind, jemanden zu finden, der uns in dem, was wir an uns am meisten ablehnen, am stärksten ähnelt, um ihn dann zu attackieren, weil er so ist wie wir.

Die Besucher könnten auch zu dem Schluß kommen, daß wir in unseren Beziehungen auf der Erde andere Menschen als Leinwand für die Projektion von Gefühlen benutzen, die wir bei uns selbst nicht sehen wollen. So könnten die Besucher einen sehr begabten Mann namens Dennis treffen, der gerade ein wunderbares Computerprogramm entwickelt hat, das der ganzen Geschäftswelt eine Hilfe sein könnte. Als Kind hatte Dennis einen Vater, der ihn ständig kritisierte und ihm einredete, seine Ideen seien nichts wert. Und obwohl Dennis dieses wunderbare neue Programm entwickelt hat und weiß, wie gut es sich anwenden läßt, hält er weiter an der Vorstellung fest, er habe keine guten Einfälle. Kurz bevor er das Programm auf den Markt bringen will, zeigt er es einem ihm bekannten Collegeprofessor, der ihm sagt, es sei nicht gut. Dennis fühlt sich daraufhin sehr deprimiert und redet sich lange Zeit erfolgreich ein, daß der alte Professor recht habe.

Die Besucher aus dem All sehen etwas, was Dennis nicht sieht, und zwar, daß er an dem Gefühl, ein Versager zu sein, festhält und die Beschränkung akzeptiert, die ihm sein Vater vor vielen Jahren auferlegt hat: daß seine Ideen nicht gut seien, wer immer auch das Gegenteil behaupten möge. Sie sehen auch, daß Dennis sich tatsächlich auf den Weg gemacht und jemanden wie den Collegeprofessor gefunden hat, mit dem er fortfahren kann, sich wie ein ängstliches, unzulängliches Kind zu verhalten. Der Professor übernahm dabei die Rolle, es Dennis zu ermöglichen, an dieser Selbstbeschränkung festzuhalten.

Nachdem sie sich zahlreiche Beziehungen angeschaut haben, setzen sich die Besucher aus dem All vielleicht zusam-

men, besprechen, was sie gesehen haben, und kommen
schließlich zu dem Ergebnis, daß Beziehungen hier auf der
Erde den Sinn haben, eine Spaltung zwischen den Menschen
zu schaffen. Menschen benutzen Beziehungen, um sich an
Angst, Schuld und an einem Gefühl von Schwere und Einsamkeit in ihrem Leben festzuklammern.

Beziehungen sind dazu da, daß wir uns miteinander verbinden

Wenn wir beschließen, daß jede Beziehung, die wir eingehen, den Sinn hat, uns mit dem anderen zu verbinden, ganz
gleich, ob wir zufälligt einen Unbekannten treffen, mit jemandem zusammen sind, den wir seit Jahren kennen, oder
einen Verwandten besuchen, der von unserer Geburt an in
unserem Leben existiert hat, dann fangen wir an, durch die
bewußte Verbindung einen wachsenden, sich ausdehnen-
den inneren Frieden zu erfahren. Wenn wir jeden, dem wir
begegnen, als einen neuen Lehrer betrachten, der uns hilft
zu lernen, was Vergeben heißt, können wir anfangen, zu
begreifen und zu erleben, was unendliche Geduld ist.

Wir können unseren Verstand umschulen, so daß wir jede
Begegnung mit Menschen, ganz gleich in welcher Situation
und unter welchen Umständen, als neue Gelegenheit für
unser persönliches Wachstum betrachten. Wir können lernen, nicht mehr in unser Ego und seine Urteile zu investieren, und wir werden erkennen, daß sämtliche Beziehungen
die Möglichkeit bieten, uns mit anderen zu verbinden und
andere ebenso zu erfahren und zu lieben wie uns selbst.

Teil 3

Sieben Meilensteine auf dem Weg zu positiven Beziehungen

In jeden Geist, der wirkliche Liebe will,
wird sofort Liebe strömen,
doch muß er wirklich wollen.

Einleitung

In diesem Teil des Buches stellen wir Ihnen sieben Meilensteine vor, die den Pfad zu liebevollen Beziehungen weisen.
Wir halten es aber für hilfreich, zunächst zu erklären, wie
diese Meilensteine Sie dabei unterstützen, liebevollere Beziehungen in Ihrem Leben zu erschaffen.

Die Meilensteine helfen uns, auf unserem Weg das zu
überwinden, was wir »Blockaden« gegen die Liebe nennen.
Blockaden sind Abwehrstrategien des Egos gegen Liebe,
und unser Ego wird alles tun, was in seiner Macht liegt, um
uns vom Pfad der Liebe abzubringen und uns in unserer
Wahrnehmung der Liebe zu behindern. Die Blockaden des
Egos umfassen Schuld, Angst, Vorwürfe, Mißtrauen, die
Weigerung zu vergeben, das Gefühl, keine Liebe verdient zu
haben, den Versuch, andere Menschen zu kontrollieren, das
Festhalten an der Vergangenheit, Eifersucht, besitzergreifendes Verhalten und Konkurrenzdenken – um nur einige
zu nennen, die wir hier besprechen werden. Unser Ego
fabriziert diese Blockaden, damit wir unseren eigenen Ärger
und unsere eigenen verletzten Gefühle nicht wahrnehmen,
was es uns schwermacht zu sehen, daß die tatsächlichen
Probleme und ihre Lösung in uns selbst liegen.

Blockaden schränken uns in unserer Bewußtheit ein, so
daß wir vergessen, daß die Liebe, die wir bei anderen suchen, bereits in Hülle und Fülle in uns selbst vorhanden ist.
Sie führen dazu, daß wir uns getrennt und einsam fühlen,
und rufen die Illusion hervor, daß es uns an Liebe fehle, weil
wir in einer Welt leben, der es an Liebe mangle. Häufig
erzeugen sie einen dichten Nebel um uns, in dem wir uns
verloren, verwirrt und verlassen fühlen.

Jeder der sieben Meilensteine, die hier vorgestellt werden, zielt darauf ab, diese Blockaden aus dem Weg zu räumen. Wenn wir uns absolut und uneingeschränkt der Liebe und dem Frieden widmen, beginnen diese Blockaden sich aufzulösen. Dann sehen wir die Liebe, die alles umfaßt.

Wir haben sowohl in unserem eigenen Leben als auch bei anderen Menschen in unseren Workshops und Vorträgen festgestellt, daß die sieben Meilensteine wie helle Fackeln den Pfad beleuchten, der uns aus der Dunkelheit unserer Blockaden in das strahlende Licht der Liebe führt.

Wenn Sie diesen Teil des Buches lesen, dabei die Blockaden in Ihrem eigenen Leben erkennen und diese mit Hilfe der Meilensteine schnell hinter sich lassen, hilft Ihnen die Vorstellung, daß Sie sich auf einem klar gekennzeichneten Pfad befinden, der sich einen Hügel aufwärts bis zu einem üppig grünen Garten voller Licht, Frieden und Ruhe windet. Dieses Bild stellt unseren wahren Geisteszustand dar.

Bewegen Sie sich in Ihrer eigenen, Ihnen angenehmen Geschwindigkeit von einem Meilenstein zum anderen, und gönnen Sie sich viel Zeit, um die beschriebenen Grundsätze in Ihr Bewußtsein dringen zu lassen. Es kann hilfreich sein, bei jedem Meilenstein eine Pause zu machen, um sich zu überlegen, wie die Ideen, die Sie gerade gelesen haben, angewendet werden können, um hier und jetzt Blockaden in Ihren Beziehungen aufzulösen. Erlauben Sie sich, sich diesen Grundsätzen mit jedem Herzschlag und jedem Atemzug so intensiv zu widmen, daß sie Teil Ihres Wesens werden.

In dem Garten, auf den Sie zugehen, werden Sie Frieden finden und eins sein mit der Natur, denn es herrschen dort Harmonie und gegenseitige Verbundenheit. Während Sie sich von einem Meilenstein zum anderen bewegen und jeder Ihnen das Bild des Gartens näherbringt und es vervollständigt, sollten Sie sich immer wieder daran erinnern, langsam zu gehen, denn die Liebe ist niemals in Eile.

Die Meilensteine helfen Ihnen, sich neu darauf einzulassen, anderen wirklich geduldig und ohne Verurteilung zuzuhören, denn das Festhalten an unseren Blockaden stellt jetzt für uns keinen Wert mehr dar. Ein gutes Beispiel für diese Blockaden ist unser Klagen über die Vergangenheit, durch das wir die Illusion erzeugen, es sei von Wert, wenn wir uns gegenseitig bekämpfen und angreifen.

Die Meilensteine machen uns neu bewußt, wie wir unsere Beziehung zu uns selbst, zu unseren Eltern, unseren Ehegefährten und Geliebten, unseren Kindern und zu allen Menschen, die wir je kannten, heilen können, ganz gleich, ob sie noch am Leben sind oder nicht. Wir lernen zu verstehen, was Vergebung heißt, und können so unsere Schuldzuweisung für die Wunden der Vergangenheit loslassen, ohne das Gefühl zu haben, wir müßten dem negativen Verhalten anderer Menschen nachsichtig begegnen und es tolerieren.

Diese Meilensteine können uns helfen, über den physischen Körper hinauszugehen und die Masken, die wir auf Anweisung unseres Egos tragen, zu durchschauen, so daß es uns offensteht, in jedem, dem wir begegnen, das Licht der Unschuld und der Liebe zu sehen. Sie weisen einen Pfad, auf dem wir noch einmal die Gelegenheit erhalten, unsere Sicht der Welt zu ändern. Mit jedem neuen Meilenstein, den wir auf diesem Pfad passieren, wird deutlicher, daß Liebe immer die Antwort ist – ganz gleich, um welches Problem es geht und wie hoffnungslos wir uns fühlen. Mit jedem Schritt, den wir machen, werden wir lebendiger, weil wir die Welt mit Zärtlichkeit, Freundlichkeit, Mitgefühl und grenzenloser Liebe umarmen.

Unsere alten Illusionen und Vorstellungen hinter uns lassen

Illusionen über Liebe

Damit wir lernen, Beziehungen in unserem Leben positiv und liebevoll zu gestalten, ist es wichtig zu verstehen, daß das, was für uns oft wie Liebe aussieht, eine Illusion sein kann. Illusionen über Liebe werden vom Ego erzeugt, das lediglich an der Befriedigung seiner eigenen, selbstbezogenen Bedürfnisse interessiert ist.

Illusionen über Liebe nehmen viele verschiedene Formen an. Wenn zum Beispiel in einer Beziehung die selbstbezogenen Bedürfnisse beider Partner befriedigt werden, fühlt sich das Ego ganz obenauf. Die meisten von uns haben das schon einmal erlebt – als »Flitterwochen«, eine Illusion, die die Grundlage für die »romantische Liebe« ist. Diese Illusion hält nur so lange an, wie die Bedürfnisse beider Partner erfüllt werden; wenn einer der beiden das Gefühl hat, daß seine Bedürfnisse nicht mehr berücksichtigt werden, wird er oder werden beide frustriert, und diese Frustration kann sich schnell in Ärger verwandeln. Was vor kurzem noch wie Liebe aussah, ist nun zur Haßliebe geworden. Ob wir die Worte tatsächlich aussprechen oder nicht, wir vermitteln einander die Botschaft: »Ich liebe dich nur so lange, wie du mir gibst, was ich haben will.« Diese Botschaft ist die Grundlage der Illusion, die wir »bedingte Liebe« nennen.

Das Ego kennt Angst, aber Liebe kann es weder verstehen noch erleben. Die Form der Liebe, die das Ego vertritt, ist immer an Bedingungen geknüpft und immer eine Illusion. Sein Lieblingsmotto lautet: »Ich liebe dich, wenn...«, und die Betonung liegt natürlich auf dem »Wenn«.

Vielleicht äußern wir durch unser Ego Tausende von diesen »Wenns« oder stellen Bedingungen für unsere Liebe. Als Eltern vermitteln wir unseren Kindern dann die Botschaft: »Ich liebe dich, wenn du gute Noten mit nach Hause bringst, aber ich entziehe dir meine Liebe, wenn du ein schlechtes Zeugnis hast.«

Es gibt Eltern, die ihrem Kind, wenn sie es schlagen, unter dem Deckmantel der Liebe sagen: »Es tut mir mehr weh als dir. Ich will nur dein Bestes und schlage dich nur, weil ich dich liebe.« Auf diese Weise bringen Eltern einem Kind eher Angst als Liebe und Mitgefühl bei. Viel von der Gewalttätigkeit, die wir bei Erwachsenen beobachten, stammt daher, daß sie als Kinder selbst körperlich mißhandelt wurden.

Wir können bedingte Liebe zum Beispiel bei der Frau beobachten, die ihrem Mann die Botschaft vermittelt: »Ich liebe dich nur, wenn du endlich mehr Zeit mit der Familie verbringst.« Oder vielleicht sagt der Mann: »Ich liebe dich, wenn du heute nacht mit mir schläfst, und wenn nicht, lehne ich dich ab.«

Das Ego verhält sich zur Liebe ambivalent und betrachtet Sex nicht als Möglichkeit, mit einem anderen Menschen Liebe, Zärtlichkeit, Anteilnahme und Freundlichkeit zu teilen. Statt dessen sieht es im Sex einen Handel oder Tausch und die Gelegenheit, andere so zu manipulieren, daß sie seinen selbstbezogenen Bedürfnissen dienen. Es kann Sex auch als Form von Ärger einsetzen, indem es dem anderen vermittelt: »Ich ärgere mich über dich, deswegen bestrafe ich dich damit, daß ich nicht mit dir schlafe.«

Es kann Sex auch als Tauschmittel für finanzielle Sicherheit benutzen, wobei die stumme Botschaft lautet: »Ich liebe dich nicht, aber unsere sexuelle Beziehung ist eine Möglichkeit, an dir und der Sicherheit, die dein Geld mir bietet, festzuhalten.« Das Ego ist sehr gut darin, diese Illusionen von Liebe zu erzeugen, und kann Sex und Liebe in verschiedene Schubladen stecken, so daß keinerlei Verbindung zwischen ihnen besteht.

Sexuelle Beziehungen können uns die Illusion von Liebe vermitteln, auch wenn sie überhaupt nichts mit Liebe zu tun haben. Sie können darauf abzielen, sich lediglich die eigenen körperlichen Bedürfnisse zu erfüllen, ohne dem anderen Menschen Liebe zu schenken. Aus diesem Grund wird Sexualität in vielen Beziehungen langweilig. Wenn wir Sex von Liebe trennen, werden sexuelle Verbindungen oft so mechanisch, als ob zwei Roboter versuchen, ohne jedes Gefühl miteinander zu kommunizieren.

Das Ego ist schnell dabei, andere Menschen nach sexuellen Maßstäben zu beurteilen und Liebe zurückzuhalten. Statt zum Beispiel zu sehen, daß wir mit dem Lebensstil anderer Menschen nicht übereinstimmen müssen, um sie zu akzeptieren, kann das Ego versuchen, uns einzureden, wir müßten jeden angreifen, der andere sexuelle Neigungen hat als wir. Oft benutzt das Ego diese Form von Kategorisierung und Verurteilung dazu, seine eigenen Ängste, wie zum Beispiel die Homophobie (Angst vor Homosexualität), auf andere zu projizieren. Dies schafft es dadurch, daß es Homosexuelle zu Gegnern abstempelt, die angeblich nichts als Feindseligkeit verdienen.

Das Ego glaubt, daß wir ständig unter einem großen Mangel an Liebe leiden. Auf der Basis dieser Illusion haben liebevolle Beziehungen einfach keine Chance. Das Ego stellt sich vor, wir hätten einen »Tank« für Liebe, dessen Zeiger ständig auf Null steht, so daß wir permanent für Nachschub sorgen müssen.

Das Ego möchte zwar nicht, daß wir uns selbst lieben, treibt uns aber an, nach Menschen zu suchen, die uns lieben sollen. Es ist in der Liebe sehr viel mehr daran interessiert, zu bekommen als zu geben. Es führt uns häufig zu Beziehungen, in denen wir die Illusion haben, wir bekämen vom anderen, was uns selbst fehlt. Diese Art von Liebesillusionen beruht auf einem Handel oder Tausch, wie: »Ich werde die Rolle des Starken übernehmen und sämtliche Entscheidungen fällen, wenn du mir versprichst, mich niemals zu kritisieren oder abzulehnen.«

Das Ego hat die Fähigkeit, nahezu unbegrenzt Illusionen über Liebe zu erzeugen, aber sie alle beruhen darauf, daß andere kontrolliert und manipuliert werden, um die eigenen Bedürfnisse zu befriedigen. Das Ego kann nicht bedingungslos lieben und ist auch nicht interessiert an dieser Form von Liebe, die ein totales Annehmen ist, ohne Anmaßungen, Erwartungen oder Forderungen, ohne das Bedürfnis, vom anderen »etwas zu bekommen«.

Bedingungslose Liebe heißt nicht, einen anderen Menschen in seiner Negativität zu unterstützen oder verletzendes Verhalten nachsichtig zu übergehen. Bedingungslose Liebe umfaßt vielmehr die Bereitschaft, mehr als den Körper und das äußere Verhalten zu sehen. Wir entscheiden uns, die Essenz der Liebe wahrzunehmen, die das spirituelle Wesen dieses Menschen ausmacht. Damit wird nicht verlangt, das Verhalten eines anderen in jedem Fall hinzunehmen.

Diese Idee wird oft mißverstanden. Eine Frau kann zum Beispiel mit einem Alkoholiker verheiratet sein, der sie körperlich und seelisch mißhandelt, und trotzdem hält sie diese Beziehung aufrecht, in der sie ständig bestraft wird. Vielleicht denkt sie, daß sie aus Liebe bleibt, aber das ist eine Illusion. Oft verharrt ein solcher Mensch in der verletzenden Situation aus Angst oder aus einem tiefsitzenden

Bedingte Liebe   *Bedingungslose Liebe*

Schuldgefühl, weil er unbewußt glaubt, die Schläge, die er bekommt, verdient zu haben.

Ein Mensch mit einer gesunden Selbstachtung, der bedingungslos liebt, hält nicht an einer Beziehung fest, in der er mißbraucht wird. Die wahre Essenz von Liebe erleben wir nicht bei illusionärer Liebe, die auf dem Drang, etwas zu »kriegen« oder auf irgendeiner Form von Bestrafung beruht. Bedingungslose Liebe bezieht sich vielmehr auf den »Inhalt« unserer Liebe als auf die »Form«. Sie bedeutet, die Liebe unseres spirituellen Selbst zu akzeptieren und über den Körper und das Ego des anderen Menschen hinaus sein spirituelles Wesen zu erfassen.

Projektionen: Wir sehen, was wir denken

Alle Konflikte, auf die wir im Leben stoßen, sind unserem Geist entsprungen. Sie erscheinen uns nur darum in der äußeren Welt, weil unser Ego unsere Gedanken nach außen projiziert. Und dann sieht es so aus, als befände sich der Feind außerhalb von uns.

Jedesmal, wenn wir uns einreden lassen, die Ursache für alles, was geschieht, läge außerhalb von uns selbst, geben wir dem Ego Nahrung. Um die Tatsache zu verbergen, daß unsere Gedanken unsere Wirklichkeit schaffen, setzt unser Ego seinen Lieblingsmechanismus ein, die *Projektion*, die uns irreführt zu dem Glauben, daß: erstens, alles, was in unserem Leben geschieht, außerhalb von uns passiert; zweitens, jeder Mensch in der Welt sein eigenes, isoliertes Bewußtsein lebt und es keine Möglichkeit gibt, jemals die Erfahrung der geistigen Verbundenheit zu machen; und wir, drittens, Opfer unserer Beziehungen sind, statt diese selbst zu gestalten.

Wir können die Projektionen des Egos meist nicht so leicht erkennen. Wenn jemand wütend auf uns ist, ziehen wir oft den Schluß, daß er uns angreift. Aus der Sicht des Egos ist dieser Mensch eine Realität außerhalb von uns, die mit unseren verborgenen Gedanken überhaupt nichts zu tun hat. Wir erzeugen die Illusion der Getrenntheit, indem wir »beweisen«, daß der andere unrecht hat und wir im Recht sind. In Wirklichkeit hat das Gefühl, angegriffen zu werden, seinen Ursprung in uns und entwickelt sich aus unseren eigenen inneren Kämpfen mit unseren widersprüchlichen Gedanken.

Dieser Prozeß läuft folgendermaßen ab: Stellen Sie sich bitte vor, daß Ihr Verstand wie ein Filmprojektor arbeitet. Das gilt für uns alle. Es ist, als wären all unsere Verletzungen, Vorlieben, Freuden, Enttäuschungen und Angriffe auf

Film festgehalten und in den Fächern unserer Erinnerungsarchive gespeichert worden. Augenblicklich stattfindende
Ereignisse können diese alten Filme abrufen, und schon
projizieren wir sie auf die Gegenwart.

Nehmen wir an, eine Autoritätsperson wird ärgerlich auf
uns. Vielleicht fühlen wir uns verletzt und abgelehnt, und
diese Gefühle rufen versteckte Erinnerungen an ähnliche
Konflikte hervor, die wir mit unseren Eltern, einem Lehrer
oder vielleicht einem früheren Vorgesetzten hatten. Und
schon projizieren wir diese alten Filme auf die Gegenwart.
Gegenwart und Vergangenheit verschmelzen zu einer Einheit. Und das hindert uns daran, die Gegenwart so zu sehen,
wie sie wirklich ist.

Die Menschen in unserer Gegenwart sind andere als die in
unseren Filmen von der Vergangenheit, aber die Themen
sind die gleichen. Unser Verstand projiziert die alten Filme
auf die Menschen unserer augenblicklichen Umgebung und
filtert sie durch die Linsen unserer ungelösten alten Konflikte. Wenn wir auf diese Weise auf äußere Geschehnisse
reagieren, sehen wir schließlich eine Welt vor uns, die ihren
Ursprung eigentlich in unserem eigenen Kopf hat.

Solange wir nur auf das Ego hören, werden wir andere
Menschen nicht als die sehen können, die sie wirklich sind.
Statt dessen wird das Ego jeden Menschen und jede Erfahrung in unserem Leben als eine riesige leere Filmleinwand
betrachten, auf die es unsere Gefühle und Gedanken aus der
Vergangenheit projiziert. Das Ego versucht, die Gegenwart
für uns unsichtbar zu machen.

Wie kommt es, daß zwei Menschen, die der selben ärgerlichen Person begegnen, so völlig unterschiedlich auf sie
reagieren können? Dem einen fällt es kaum oder überhaupt
nicht schwer, mit der Beziehung umzugehen und das Problem zwischen ihnen zu lösen. Der andere ist frustriert und
wütend. Er ist überzeugt davon, daß eine Beziehung zu

diesem Menschen unmöglich ist, und glaubt vielleicht, eine aggressive, ärgerliche Person vor sich zu haben, die versucht, ihn zu verletzen. Der andere betrachtet diesen Menschen überhaupt nicht als aggressiv, sondern sieht, daß er einen Hilferuf nach Liebe aussendet.

Die Folge der Projektion ist immer die gleiche: »Wir sehen, was wir denken.« Ärgerliche, lieblose Gedanken projizieren eine Welt voller Ärger und liebloser Beziehungen. Liebevolle und friedliche Gedanken wachsen aus unserem Herzen und unserem Verstand, entfalten sich und schaffen eine Welt mit liebevollen und friedlichen Beziehungen.

Wenn wir beginnen zu sehen, daß wir unsere Gedanken, Gefühle und alten Konflikte tatsächlich in die Welt hinaus projizieren, und verstehen, daß wir bestimmen können, was wir denken, dann sind wir schließlich auch bereit zu begreifen, daß wir in unseren Beziehungen keinesfalls Opfer sind. Wir sind lediglich Opfer unseres eigenen Denkens, und hier haben wir wirklich die Wahl.

Wir können unseren Verstand umschulen, so daß wir nur liebevolle und friedliche Gedanken hegen, und diese Entscheidung können wir täglich und in jedem Augenblick neu treffen. Damit übernehmen wir die Verantwortung für unsere eigenen Projektionen und unsere Beziehungen. Wir entscheiden uns dafür, unsere Beziehungen positiv und liebevoll zu gestalten, und mit dieser Haltung wird es uns auch gelingen.

Unsere Wahrnehmung ist ein Spiegel, keine Tatsache

Die meisten von uns gehen durch ihr Leben, indem sie der Führung des Egos folgen, das uns glauben machen will, daß unsere Wahrnehmung ein genaues Bild der äußeren Welt zeichne. Unser Ego möchte uns einreden, daß das, was wir sehen, ein direktes Ergebnis dessen sei, was unsere Augen und Ohren und anderen Sinne uns vermitteln.

Sehr oft nehmen wir fälschlich an, daß unsere Gedanken und Gefühle durch Ereignisse ausgelöst werden, die um uns herum passieren. Wir neigen zu der Annahme, der Grund für Mißgeschicke in unserem Leben läge »da draußen«.

Wenn wir uns entscheiden, nur unserer Sinneswahrnehmung zu trauen, wird es uns vorkommen, als setze sich unsere Realität lediglich aus Form, Zeit und Raum zusammen. Das heißt, es wird uns scheinen, als bestünde unser Leben nur aus unserem physischen Körper, der einen meßbaren Raum einnimmt, an einem bestimmten Ort existiert, nur eine gewisse Anzahl von Jahren lebt und sich an Vergangenheit, Gegenwart und Zukunft orientiert.

Solange wir an dieser Sicht der Welt festhalten, wird unsere Wahrnehmung der Realität sich ständig ändern und, von äußeren Ereignissen beeinflußt, permanent hin und her schwanken. Die Basis für das Glaubenssystem des Egos ist, daß wir alle getrennt und allein in einer Welt existieren, in der es so etwas wie eine Verbundenheit aller Herzen und allen Denkens nicht gibt.

Das Ego hindert uns mit allen möglichen Mitteln daran zu verstehen, daß unsere Gedanken und nicht die äußere Welt die *Ursache* für das sind, was wir sehen und erleben. Es hindert uns daran zu begreifen, daß die Welt, wie wir sie erfahren, eine *Auswirkung* unserer eigenen Gedanken ist. Wenn wir zulassen, daß das Ego uns verleitet, etwas anderes

Unsere Wahrnehmung ist ein Spiegel, keine Tatsache.

anzunehmen als diese Wahrheit, dann steht unser Denken über die Welt und über die Funktion unserer Wahrnehmung tatsächlich auf dem Kopf.

Bei der Beschäftigung mit diesen Dingen könnten wir uns fragen: »Was hat die Wahrnehmung mit meinen Beziehungen zu tun? Was hat sie mit meinen Konflikten zu tun? Wie kommt es, daß andere Menschen die Welt einfach nicht so sehen wie ich?«

Da noch nicht einmal zwei Menschen exakt die gleichen Gedanken und Erfahrungen haben, ist es auch nicht möglich, daß sie auf die gleiche Weise wahrnehmen. Hier liegt die Ursache für viele Kommunikationsstörungen in Beziehungen.

Solange wir glauben, daß das, was wir mit unseren Augen sehen und mit unseren Ohren hören, wahr ist, werden wir auch annehmen, daß wir alle auf die gleiche Weise reagieren. Aber Beziehungen gehen schief, wenn wir von anderen erwarten, daß sie die Dinge genauso wahrnehmen und verarbeiten wie wir. Wenn uns dann durch bestimmte Ereignisse unsere Unterschiedlichkeit vor Augen geführt wird, sagt uns unser Ego, wir sollten streiten, schmeicheln und auf jede nur mögliche Weise versuchen, den anderen davon zu überzeugen, daß seine Sicht der Welt falsch und unsere richtig sei. Gelingt es uns nicht, darin bestätigt zu werden, daß wir recht haben, reagieren wir häufig desillusioniert und aufgebracht und fühlen uns zutiefst getrennt. Wir können sogar glauben, daß Liebe nur dann möglich sei, wenn die Wahrnehmung zweier Menschen exakt übereinstimmt.

Zusammenfassend läßt sich sagen, daß Wahrnehmung das ist, was wir infolge der nach außen projizierten Gedanken und Gefühle erleben. Was wir glauben, mit unseren eigenen Augen zu sehen, ist in Wirklichkeit ein Spiegel unseres Denkens.

Das gespaltene Denken heilen

Das gespaltene Denken versucht, den Gesetzen des Egos zu gehorchen und gleichzeitig den Gesetzen der Liebe nachzukommen. Aber das kann ihm nicht gelingen, so sehr es sich auch bemühen mag. Wenn wir zulassen, daß unser Denken gespalten ist, bringen wir schließlich nur noch Konflikt, Chaos, Unbeständigkeit und Disharmonie in unsere Beziehungen.

Für einige von uns wäre es zum Beispiel nichts Ungewöhnliches, im Verlauf eines hektischen Tages ein freundliches Gespräch mit jemandem zu führen und dabei gleichzeitig zu denken: »Oh, ich kann diesen Menschen einfach nicht leiden. Er erinnert mich an einen früheren Lehrer, den ich auch nie ausstehen konnte.« Wir setzen eine Maske auf, geben vor, diesen Menschen zu mögen, während wir zur gleichen Zeit im geheimen entgegengesetzte Gedanken hegen, die bewirken, daß wir beide völlig getrennt bleiben.

Wenn unser Geist gespalten ist, täuschen wir nicht nur den anderen, sondern auch uns selbst. Die Folge ist ein innerer Kampf. Unsere widerstreitenden Gedanken und Verhaltensweisen schaffen Chaos und Verwirrung. Die Selbsttäuschungen der Spaltung bewirken, daß wir Schuldgefühle haben und weit davon entfernt sind, uns den anderen und uns selbst gegenüber liebevoll zu verhalten.

Das Ego benutzt das »Schubladenprinzip«, damit wir uns der Täuschungen unseres gespaltenen Denkens nicht bewußt werden. Es ist, als würde das Ego stählerne Wände in unserem Kopf errichten, einzelne Kammern abtrennen und sie mit unseren widerstreitenden Gedanken und Gefühlen füllen, damit die einzelnen Bereiche des Gehirns nicht miteinander kommunizieren können. Auch das Ego selbst hat sich in eine solche Kammer eingesperrt, so daß es niemals den Teil von uns kennenlernt, der reine Liebe ist.

Eine wirklich liebevolle Beziehung stellt für das Ego etwas Feindliches dar, und es wird alles tun, um Konflikte heraufzubeschwören und vor dem Frieden davonzulaufen. Das täuschende Ego wird das eigene Mißtrauen auf andere Menschen projizieren und uns davon überzeugen, daß es sehr schwer ist, einem anderen Menschen völlig zu vertrauen.

Unser Glaube an Angst und Schuld bewirkt, daß das Denken gespalten bleibt. Unsere Überzeugung, etwas getan zu haben, wofür wir Strafe verdienen, hält das Denksystem unseres Egos am Leben. Solange wir an diesen Überzeugungen festhalten, hüllt unser Ego uns in Dunkelheit und verbirgt das innere Licht der Liebe vor uns, das unsere wahre Realität ist.

Eines der Gesetze des Egos lautet, daß unsere sämtlichen Entscheidungen auf den negativen Erfahrungen der Vergangenheit basieren sollen, so daß wir Gegenwart und Zukunft genau voraussagen können. Die Gesetze des Egos besagen, daß Liebe immer mit Bedingungen verbunden ist und wir niemals einer Sache trauen sollen, die wir nicht sehen, schmecken, riechen, berühren, hören oder messen können. Um nach den Gesetzen des Egos zu leben, müssen wir ständig die Überzeugung aufrechterhalten, daß wir alle voneinander getrennt sind, daß unser Leben auf unseren Körper beschränkt ist und daß wir früher oder später Frustration, Schmerz, Unglück, Verzweiflung, Angst, Hoffnungslosigkeit und schließlich den Tod erleben werden.

Wenn unser Denken gespalten ist, konzentriert sich unser Ego auf das »Habenwollen« und auf zahlreiche Ziele und Wünsche, die häufig nicht nur zu dem, was andere wollen, im Widerspruch stehen, sondern auch in sich selbst widersprüchlich sind.

Liebe folgt anderen Gesetzen. Sie lehren uns, daß Liebe immer bedingungslos, beständig und alles umfassend ist.

*Das gespaltene Denken
hat wenig Platz für Liebe.*

*Das ganzheitliche Denken
ist voller Liebe und
hat keinen Platz für das Ego.*

Bedingungslose Liebe kennt keine Grenzen und keine Schranken. Wenn wir der Weisheit der Liebe folgen, leben wir, als sei der gegenwärtige Augenblick der einzig existierende, und in diesem Augenblick der Zeitlosigkeit gibt es weder Schuld noch Angst.

Wenn wir zulassen, daß unser Leben von der Liebe geleitet wird, treffen wir all unsere Entscheidungen, indem wir auf unsere innere Stimme hören, die die Stimme der Liebe ist. Denken wir nur liebevolle Gedanken, verschwinden die Verwirrung und der Widerstreit des gespaltenen Denkens, und wir fühlen uns wieder verbunden mit unserer Quelle.

Wenn Liebe rein und beständig ist, verurteilen wir weder uns selbst noch andere. Wir verspüren kein Bedürfnis, die Motive oder das Verhalten anderer Menschen zu interpretieren, Fehler zu finden oder zu kategorisieren, damit sie anders sind als wir, getrennt von uns und uns entfremdet.

Wenn unser Verstand heil und ganz ist, sind wir ruhig, offen, voller liebevoller Gedanken und finden in allem, was wir tun, Harmonie und Frieden.

Wir sind innerlich nicht im Konflikt und kämpfen nicht gegen das an, was wir selbst denken, fühlen, sagen und tun. Unsere Gedanken und Gefühle stimmen überein. Unsere Beziehungen werden liebevoll und harmonisch, und diese Liebe wächst und umfaßt auch die Welt.

Es gibt drei Leitsätze oder Affirmationen, die uns helfen, das gespaltene Denken zu heilen:

1. »Ich erkenne, daß mein Denken gespalten ist.«

Immer wenn wir uns nicht vollkommen entspannt, glücklich und liebevoll fühlen, erleben wir die Symptome des gespaltenen Denkens. Vielleicht verspüren wir Besorgnis, sind gereizt, ärgerlich, voller Zweifel, Bedenken, Groll oder Depressivität, um nur einiges zu nennen.

2. »Ich bin bereit, meine Gedanken zu ändern.«

Wir beginnen, uns zu verändern, wenn wir aufhören, den Gedanken und Emotionen, die uns in Konflikte bringen, Bedeutung beizumessen. Weil nur wir selbst diejenigen sind, die diesen Gedanken Einlaß gewähren, können wir sie auch jederzeit verändern. Wir können Glück und inneren Frieden wählen. Wir heilen uns, wenn wir bereit sind, ganz im Augenblick zu leben und nur liebevolle und friedliche Gedanken zu hegen.

3. »Ich bin bereit zu vergeben.«

Jedesmal, wenn uns bewußt wird, daß die Symptome des gespaltenen Denkens bei uns auftreten, können wir sicher sein, daß wir uns selbst oder andere mißbilligen und verurteilen. Wenn wir unsere Urteile und abwertenden Gedanken loslassen, werden wir automatisch vergeben. Unser Vergeben ist es, durch das das Schubladendenken aufgelöst wird, und sowie begrenzende Denkmuster verschwinden, löst sich auch unsere verzerrte Wahrnehmung auf. Uns wird dann bewußt, daß Liebe unsere einzige Wirklichkeit darstellt. Unser Denken findet zur Ganzheitlichkeit zurück und ist voller Liebe, die wir in all unsere Beziehungen tragen. Die Wurzel sämtlicher Beziehungsprobleme ist die Unwilligkeit zu verzeihen, was dazu führt, daß wir uns von unserer wahren Identität, die Liebe ist, getrennt fühlen. Wir haben jedoch die Wahl, zu vergeben, die Wände des gespaltenen Denkens abzureißen und auf diese Weise unsere Beziehungen zu heilen.

Ehrlichkeit heißt, daß das, was Sie denken,
sagen und tun, harmonisch übereinstimmt.

Die Gründe für meinen Ärger liegen nie dort, wo ich sie suche

Die meisten von uns kennen Szenen wie die, daß der Vater von der Arbeit nach Hause kommt und in dem Augenblick explodiert, wo er die Wohnung betritt. Er schnauzt seine Frau an, weil das Abendessen zu spät auf den Tisch kommt. Er ärgert sich rasend über die Kinder, weil sie so ein Chaos in der Wohnung veranstaltet haben. Seine Wut hält er für völlig gerechtfertigt.

Diesem Mann ist nicht bewußt, daß sein Ärger nichts mit dem verspäteten Abendessen oder mit dem Durcheinander im Haus zu tun hat, sondern vielmehr auf Ereignissen beruht, die lange bevor er nach Hause kam, stattfanden.

Wie viele von uns, hat dieser Vater eine stählerne Wand um seine Tageserinnerung gezogen. Tatsache ist, daß sein Chef ihn zusammengestaucht hat, weil er häufig zu spät zur Arbeit kommt, und daß er mit Kündigung rechnen muß, wenn er weiterhin unpünktlich ist.

Dieser Mann trägt auch schmerzliche, unterdrückte Erinnerungen an seine Kindheit mit sich herum, die durch die Konfrontation mit seinem Chef aufgerührt wurden. Als er Kind war, hatte sein eigener Vater ständig auf ihm herumgehackt, weil er häufig zu spät zum Abendessen kam und in der Schule unpünktlich war, und er hat deswegen immer noch Schuldgefühle. Wie viele von uns, verleugnet auch dieser Mann seine eigenen Schuldgefühle und hält dann Ausschau nach anderen Menschen in seinem Leben, denen er Vorwürfe machen kann.

Immer wenn er vor einem Problem steht, überzeugt ihn sein Ego davon, daß »er daran keine Schuld habe«. Statt dessen redet es ihm ein, der Schuldige sei irgendein anderer Mensch, von dem er glaubt, er habe seine Vorwürfe in diesem Augenblick verdient.

Wir haben das Gefühl, uns mit dem unerträglichen Schmerz, den unsere eigenen Schuldgefühle uns bereiten, nicht auseinandersetzen zu müssen, wenn wir sie auf andere Menschen projizieren. Also fahren wir fort, unsere Schuldgefühle zu verleugnen und lieber nach außen zu tragen. Diese Projektionen sind in Wirklichkeit Bilder von Ereignissen aus »alten Filmen«, die der Vergangenheit angehören.

Lassen Sie es uns genauer untersuchen. Das Ego, das wir kontrollieren können, glaubt immer, wir seien getrennt und allein in der Welt, und die Ursache für unseren Kummer wäre immer das, was wir mit unseren Augen und allen anderen Sinnen wahrnehmen. Für das Ego liegt die Schuld für unseren Ärger immer außerhalb von uns. Aber Tatsache ist, daß es sich genau andersherum verhält.

Unser Ego nimmt alle durch unsere Sinne vermittelten Eindrücke auf und filtert sie mit Hilfe der riesigen Erinnerungsarchive unserer vergangenen Erfahrungen, ablehnenden Urteile und Schuldgefühle. Dieser Vorgang bleibt unserer bewußten Wahrnehmung verborgen. Dann projizieren wir das, was durch den Filter des Egos zu uns dringt, auf andere Menschen. Diese Projektionen erkennen wir schließlich als unsere Wahrnehmungen an und erzeugen die Illusion, die Gründe für unseren Ärger lägen immer außerhalb von uns.

Aus diesen Projektionen leiten wir unsere Streitigkeiten mit anderen Menschen ab, wobei wir die Tatsache ignorieren, daß der wahre Kampf zwischen den widerstreitenden Gedanken unseres eigenen Verstandes abläuft. Das Ego, der große Meister im Verdrehen und Verleugnen, macht es uns extrem schwer, all dies zu erkennen. Es enthält uns die Realität vor, in der die Gründe für unseren Ärger niemals dort liegen, wo wir sie suchen.

Die Art und Weise, wie das Ego all unsere Sinneswahrnehmungen filtert und interpretiert, bewirkt, daß wir uns voneinander getrennt fühlen, und das macht es uns außerordentlich schwer, liebevolle Beziehungen zu entwickeln.

Wenn Sie sich ärgern, kann es hilfreich sein, einfach einen Moment innezuhalten und sich daran zu erinnern, daß die Gründe für unseren Ärger nie die sind, die wir dafür halten. Wenn wir das bedenken, können wir mit unseren Projektionen aufhören und anfangen, die unerledigten Dinge aus der Vergangenheit zu klären. Dazu können wir uns folgende Frage stellen: »Wann, wo und mit wem habe ich das gleiche Gefühl schon einmal gehabt?«

Wenn wir tiefer graben, entdecken wir, daß wir ähnliche Situationen und Gefühle schon sehr oft erlebt haben. Gehen wir dann immer weiter zurück, gelangen wir zur wahren Quelle unseres Konfliktes, einer nicht geheilten Beziehung, an der wir seit unserer frühesten Kindheit festhalten. Wir machen ferner die Entdeckung, daß wir uns von diesen Beziehungen befreien können. Wir müssen sie nicht mehr auf die Gegenwart projizieren, wenn wir sie uns bewußt machen und sie heilen.

Haben wir in unseren gegenwärtigen Beziehungen Konflikte, kann es nur dann wirklich zur Heilung kommen, wenn wir uns daran erinnern, daß unser Ärger auf Projektionen beruht, die aus früheren Erfahrungen zusammengesetzt sind. Wir können diese Erfahrungen vor wenigen Minuten oder sogar vor vielen Jahren gemacht haben. Die Heilung unserer augenblicklichen Konflikte beruht auf der Heilung unserer Vergangenheit, und wenn wir uns das vor Augen halten, sind wir niemals aus den Gründen ärgerlich, die wir oberflächlich für die Ursache unseres Ärgers halten.

Angst, Vorwürfe und Schuld in Liebe umwandeln

Die menschliche Grundangst

Unsere größte und tiefste Angst – und damit die Wurzel all unserer Probleme in unseren Beziehungen – ist die Angst vor dem Tod. Vielleicht erleben wir diese menschliche Grundangst als Angst vor Liebe und Nähe, Angst vor der Trennung von einem geliebten Menschen oder sogar als Angst vor Gott oder vor der Gegenwart einer höheren Macht.

Die Wurzel für diese menschliche Grundangst ist das Glaubenssystem des Egos, das Leben mit Körper gleichsetzt. Das Ego glaubt, daß unsere einzige Wirklichkeit auf körperlicher Existenz beruht. Es verleugnet die Realität unseres spirituellen Wesens, für das Liebe Leben ist und das weiß, daß Liebe ewig währt. Wir erleben diese Grundangst nur so lange, wie wir an der Überzeugung des Egos festhalten, daß mit dem Tod des Körpers das Leben zu Ende ist.

Unser Ego vermittelt uns viele verwirrende Botschaften über diese Grundangst des Menschen. Es sagt uns: »Suche die Liebe, aber fürchte dich vor ihr, denn nach und nach wird dir die Liebe durch den Tod oder durch die Zurückweisung des geliebten Menschen wieder genommen.« Wenn wir unserem Ego ganz ergeben sind und ihm abnehmen, daß wir vor dem Tod große Angst haben müssen, bekommen wir auch Angst vor der Liebe und Angst vor der Trennung von Menschen, die uns nahe sind. Viele unserer Beziehungsprobleme beruhen auf diesen Ängsten sowie auf der Überzeugung, daß der von uns geliebte Mensch früher oder später stirbt, oder uns verläßt, und wir ganz allein zurückbleiben.

Viele der Machtkämpfe, die unsere Beziehungen so schwierig machen, haben mit der Todesangst unseres Egos sowie mit seiner Hilflosigkeit im Umgang mit dieser Angst zu tun. Das Ego versucht, uns davon zu überzeugen, daß es nur einen Weg gibt, mit dieser Angst umzugehen, und der besteht darin, den Tod auf irgendeine Weise unter Kontrolle zu bekommen. Da das unmöglich ist, fühlt sich das Ego schließlich hilflos. Dieses Gefühl wird Teil unserer falschen Wahrnehmung. Der Versuch, andere Menschen zu kontrollieren, gehört zu den offenkundigeren Wegen des Egos, die Angst abzuwehren, die entsteht, weil es nicht die geringste Kontrolle über den Tod hat.

Vor diesem Hintergrund haben wir sehr viel Angst vor Liebe und blockieren sie, indem wir versuchen, uns gegenseitig zu kontrollieren. Auch wenn es möglich sein mag, andere Menschen eine Zeitlang zu kontrollieren, können wir sie niemals völlig beherrschen. Das Ego jedoch möchte uns glauben machen, daß das möglich sei, und es ermutigt uns, unsere Energien dafür einzusetzen, statt sie in Liebe zu verwandeln.

Den tiefsten Ausdruck findet die Angst des Egos vor seinem eigenen Tod oft in der Angst vor Gott. Diese Angst erleben wir auf die unterschiedlichste Weise, auch als Ärger auf die Welt und Gott sowie als Verleugnung der Existenz Gottes.

Wir sind Eltern begegnet, deren Angst vor dem eigenen Tod und vor dem Tod ihrer Kinder so groß war, daß sie sich ihren Lieben gegenüber emotional verschlossen haben, um sich vor dem Schmerz zu schützen, den sie – wie sie glaubten – sonst eines Tages erleiden müßten.

Die Angst vor dem Tod sowie unsere Wahrnehmung, wir seien getrennt von der Liebe oder einer höheren Macht, kann verschiedene Formen annehmen. Viele von uns vermeiden es zum Beispiel, über den Tod zu sprechen und ein Testament zu machen, weil das Thema so schmerzhaft ist. Wir bleiben so lange bei dieser Angst und unserem Vermeidungsverhalten, wie wir an der Überzeugung des Egos festhalten, daß der Tod des Körpers das Ende des Lebens sei.

Viele von uns halten es für unmöglich, daß die Angst vor dem Verlust eines geliebten Menschen dieselbe sein soll, wie die Angst davor, von einem Auto überfahren zu werden oder geschäftlich bankrott zu gehen. Sie glauben, das seien zwei verschiedene Dinge.

Wenn wir genauer hinschauen, liegt der Angst, einen geliebten Menschen zu verlieren, die Angst zugrunde, von diesem Menschen *getrennt* zu werden. Zum Beispiel haben die Eltern, deren Kind an einer tödlichen Krankheit leidet, am meisten Angst, daß der Tod sie von diesem Kind trennt; der Mensch, dessen Partner oder Ehegefährte sich in jemand anderes verliebt, hat Angst vor dem Trennungsschmerz. Und ähnlich mögen auch Menschen, die von Alkohol oder anderen Drogen abhängig sind, Angst haben, abgelehnt und auf diese Weise von ihren Familien und von der Gesellschaft getrennt zu werden.

All diesen Trennungsängsten liegt unsere Furcht zugrunde, uns von uns selbst und der liebenden Kraft getrennt zu fühlen, die uns alle erschaffen hat. Die Möglichkeit, von einem Auto überfahren zu werden, ruft sofort die Angst hervor, von unserer Gesundheit oder unserem Leben *getrennt* zu werden. Der Verlust eines Geschäfts scheint zunächst etwas anderes zu sein; aber wir empfinden unsere geschäftlichen Aktivitäten oft als Verlängerung unserer

Die Mauer, die mein Denken errichtet hat,
trennt mich von anderen und der Welt.

---

selbst. Die Drohung, unser Geschäft aufgeben zu müssen, führt zu der Angst, sowohl von unserer eigenen Kreativität als auch von einem Teil unserer Identität abgeschnitten und damit *getrennt* zu werden.

Sämtlichen Problemen in unserem Leben liegt die Angst vor Trennung zugrunde. Sie erzeugt viele weitere Ängste, wie die vor Intimität und Nähe. Wie wir Trennung, Tod und Leben sehen, und ob wir Getrenntheit als Wahrheit oder als Illusion betrachten, hängt von unserem Glaubenssystem ab.

Sind wir lediglich Körper und individuelles Bewußtsein, die für kurze Zeit auf dem Planeten Erde wandeln, wo das Leben mit dem Tod endet und unser Ego nichts wahrnimmt als eine unendliche Folge von Trennungen? Oder sind wir die Essenz der Liebe, spirituelle Wesen, die immer miteinander und mit einer höheren Macht verbunden sind, für die es keine Trennung gibt und deren spiritueller Kern ewig ist?

Wenn wir beschließen, mehr wahrzunehmen als nur den Körper und nicht an den Tod zu glauben oder ihn nicht für das Ende des Lebens zu halten, kann das viel beitragen, positive Beziehungen zu schaffen, Beziehungen, die ohne Angst sind. In solchen Beziehungen haben die Menschen keine Angst vor Trennung, weil sie sich aufgrund ihres Glaubenssystems ständig mit der Quelle der Liebe verbunden fühlen.

Wir haben täglich die Möglichkeit, unsere Vorstellungen zu überprüfen und neu zu beschließen, was wir glauben wollen und was uns Frieden und Glück bringt.

Negative Gedanken

Ein disziplinierter Geist ist ein freier Geist, denn er hat die Möglichkeit, den Inhalt und die Richtung seines Denkens zu wählen. Die meisten von uns denken jedoch sehr undiszipliniert. Ihre Gedanken streben aufgesplitterte Ziele an, die sich sogar von einem Augenblick zum anderen widersprechen können.

Statt uns als Dirigenten unseres geistigen Potentials zu fühlen, haben wir manchmal eher den Eindruck, eine riesige Halde für emotionalen Müll zu verwalten. Wir spüren vielleicht, daß wir alle möglichen Gedanken, Einstellungen und Urteile aufnehmen, über die wir nur wenig oder gar keine Kontrolle haben. Wir können uns sogar als Opfer fühlen, die ständig mit allen möglichen Informationen aus der äußeren Welt bombardiert werden, was zu Angst, Konflikten, Hilflosigkeit und Depressionen führt.

Vielleicht wünschen wir uns, unser Denken möge geordnet und frei sein, aber meistens scheint in unserem Kopf

Chaos, Belastung, Konflikt, Lieblosigkeit, Unfreiheit und Enge zu herrschen.

Den meisten von uns könnte viel deutlicher bewußt sein, wie oft wir negative Gedanken wälzen. Wenn wir unseren eigenen Gesprächen wirklich zuhören würden, wären wir vielleicht überrascht, wie oft wir negativ kommunizieren und uns selbst und andere kritisch beurteilen. Wir sind so oft in Versuchung, uns als Richter aufzuspielen, unserer Intoleranz gegenüber dem Verhalten anderer Menschen Ausdruck zu verleihen und uns selbst und andere als unzulänglich, hilflos, lieblos und nicht liebenswert abzuurteilen.

Wie können wir in unserem Leben liebevolle Beziehungen haben, wenn unser Geist voll negativer Gedanken ist? Die Wahrheit ist, daß wir selbst diese negativen Gedanken produzieren, auch wenn es oft so aussieht, als würden sie zufällig im Verstand auftauchen oder durch äußere Geschehnisse ausgelöst werden.

Unser Ego möchte uns glauben machen, wir seien einfach unschuldige Zuschauer oder vielleicht sogar Opfer und unsere negativen Gedanken würden durch all die schrecklichen Erlebnisse verursacht, die uns im Leben widerfahren. Die Wahrheit ist, daß die negativen Erfahrungen der Vergangenheit nur noch in unserem Verstand existieren und nirgendwo sonst. Wenn wir Opfer sind, dann nur Opfer unserer eigenen Gedanken und Urteile, und jeder von uns hat die Macht, sich davon zu befreien.

Eines der größten Geschenke, die wir als menschliche Wesen erhalten haben, besteht vielleicht darin, daß wir einen freien Willen besitzen und unsere Gedanken wählen können. Wenn wir schließlich begreifen, daß unsere negativen Gedanken begrenzte Wahrnehmungen und eine Folge unserer eigenen Projektionen sind, können wir beschließen, sie durch liebevolle Gedanken zu ersetzen. Mit dieser Entscheidung erinnern wir uns daran, daß Liebe und Glück immer in uns waren, und behutsam lernen wir wieder, Liebe uneingeschränkt zu geben und anzunehmen. Damit bereiten wir uns darauf vor, unsere Beziehungen so liebevoll zu gestalten, wie wir es uns ersehnen und verdienen.

Die Opferrolle ist ein Trugschluß

Die meisten von uns wissen sehr wohl, wie es ist, von einem Menschen, der sehr wichtig für uns ist, abgelehnt zu werden. Wenn das geschieht, fühlen wir uns oft als Opfer, das man ungerecht behandelt, herabsetzt und ausnutzt. Vielleicht bekommen wir das Gefühl, Liebe sei gefährlich und potentiell verletzend. Wir können sogar völlig verzweifeln, uns elend, wütend und deprimiert fühlen und Angst davor haben zu lieben. Vielleicht kommt uns die Welt so ungerecht vor, daß wir uns noch nicht einmal sicher sind, ob wir überhaupt weiterleben wollen.

Viele von uns, die das Gefühl hatten, ihnen würde etwas angetan und in ihren Beziehungen liefe immer alles schief, haben entdeckt, daß diese Empfindungen darauf beruhten, daß sie ihr Leben lang die Opferrolle gespielt haben. Vielleicht haben wir sogar geglaubt, wir müßten in diese Rolle schlüpfen, um überhaupt zu überleben. Unsere Erfahrungen schienen wirklich nur durch äußere Umstände *verursacht* zu werden, und wir glaubten, darauf wenig oder gar keinen Einfluß zu haben.

Das Ego möchte uns deswegen glauben machen, daß wir in unseren Beziehungen Opfer sind, weil wir im innersten Kern das Gefühl haben, keine Liebe zu verdienen. Es will uns das große Geheimnis vorenthalten, daß nicht die Art, wie andere uns behandeln, uns zu Opfern macht, sondern unsere eigenen Gedanken. Wir werden durch unsere eigenen lieblosen Gedanken verletzt. Und wieder ist die Projektion ein Spiegel und keine Tatsache. Jedesmal, wenn wir verleugnen, daß das Gefühl, Opfer zu sein, seinen Ursprung in Wirklichkeit in unserem eigenen Denken hat, machen wir uns tatsächlich zu Opfern.

Oft gehen wir Beziehungen ein, die unseren Glauben, keine Liebe zu verdienen, perfekt widerspiegeln. Wir manipulieren diese Beziehungen und basteln an ihnen herum, damit sie mit unseren inneren Wahrnehmungen übereinstimmen. Und wenn dann etwas schiefläuft oder wir zurückgewiesen werden, scheint die Wahrnehmung, daß wir Opfer sind, wieder einmal durch äußere »Beweise« bestätigt zu sein. Wir sind diesem Kreislauf ausgesetzt, weil unser gespaltenes Denken uns verbirgt, wie wir selbst an der Schaffung dieser Illusion mitwirken.

Wenn wir in der Opferrolle gefangen sind, fragen wir uns oft: »Womit habe ich das verdient?« Wir gehen mit dem Gefühl durch das Leben, in der Falle zu sitzen. Wir glauben, daß andere Menschen »es auf uns abgesehen haben«, und erkennen nicht, daß es lediglich unsere eigenen Gedanken sind, mit denen wir uns selbst gefangen halten. Da wir meinen, der Feind sei da draußen, kämpfen wir, um uns zu befreien. Wir sind gegen Gott und die Welt und führen Krieg gegen unsere Beziehungen, die Quelle der Schöpfung und uns selbst.

Solange wir unsere Opferrolle hinaus in die Welt projizieren, müssen Beziehungen zwangsläufig verheerend oder zumindest unbefriedigend verlaufen. Aber unser Gefühl, Opfer zu sein, kann in dem Augenblick verschwinden, wo wir erkennen, daß es lediglich eine Projektion unseres eigenen Denkens ist.

Wir befreien uns von unseren selbst auferlegten Fesseln, wenn wir für unsere Gedanken und Handlungen die Verantwortung übernehmen. Wenn wir bereit sind zu erkennen, daß wir diejenigen sind, die negative Beziehungen

schaffen, begreifen wir auch, daß wir diejenigen sind, die
Beziehungen positiv gestalten können. Das alles fängt mit
unserem Entschluß an, die Opferrolle aufzugeben.

Schuld und Vorwürfe loslassen

Der Weg des Egos besteht aus Ärger, Angst, Schuld und
Vorwürfen. Den Weg der Liebe zu beschreiten heißt, Angst,
Schuld und Vorwürfe loszulassen und unserem Ärger keine
Bedeutung beizumessen. Die meisten von uns sind überrascht, wenn sie entdecken müssen, wie viele Stunden sie
täglich damit verbringen, ärgerlich zu sein oder Schuldgefühle in sich und anderen durch Vorwürfe zu verstärken.

Schuld beruht auf der irrtümlichen Annahme, daß wir es
verdienen, bestraft zu werden. Wenn wir diesem Glauben
folgen, verhalten wir uns in unseren Beziehungen so, als
seien wir alle auf der Erde, um uns gegenseitig zu verurteilen
oder zu entscheiden, wer recht und wer unrecht hat, wer
unschuldig und wer schuldig ist. Das Bedürfnis des Egos
nach Strafe ist so groß, daß wir uns vielleicht ununterbrochen mit all den Dingen beschäftigen, die wir falsch gemacht haben. Eine Seite in uns denkt ständig, daß wir es
aufgrund dieser »Missetaten« verdienen, bestraft zu werden und zu leiden.

Vorwürfe sind unser Hauptinstrument, um diese Schuldgefühle auszulösen. Wir versuchen, andere dahin zu bringen,
daß sie ihr Verhalten ändern, indem wir ihnen Vorwürfe
machen und Schuld einflößen, während wir gleichzeitig
bemüht sind, unsere eigenen Schuldgefühle zu verleugnen.

Wir schauen uns außen nach der »Ursache« für Gedanken und Gefühle um, die wir ablehnen, auch wenn – was
erstaunlich genug ist – niemand außer uns selbst fähig ist,
solche Gedanken und Gefühle zu erzeugen.

Meistens fällt uns noch nicht einmal auf, daß das so ist. Wir können mit sehr einfachen Gedanken anfangen, wie zum Beispiel: »Ich finde es schrecklich, wie sie sich anzieht. Ich schäme mich, mit ihr auszugehen.« Oder: »Das ist der idiotischste Fahrer, der mir je begegnet ist. Solche Leute sind es, die das Autofahren so gefährlich machen.«

Wir können auch komplexere Gedanken entwickeln, wie: »Ich werde meinen Eltern nie verzeihen, wie sie mich als Kind behandelt haben. Wenn sie sich anders verhalten hätten, würde es mir heute sehr viel besser gehen.« Oder: »Mein Exmann hat all die schrecklichen Dinge verdient, die ihm jetzt passieren. So kriegt er wenigstens zurück, was er mir angetan hat.«

Den meisten von uns ist nicht in vollem Umfang bewußt, wie oft wir jeden Tag an ärgerlichen und aggressiven Gedanken festhalten. Diese Verurteilungen kehren wie Bumerangs zu uns zurück und bewirken, daß wir uns schlecht fühlen. Wenn wir uns für die Erkenntnis öffnen, daß diese Gedanken uns verletzen, können wir sehen, daß sie keine Bedeutung haben, und sie durch liebevolle und versöhnliche Gedanken ersetzen.

Schuld ist der Kern unseres gespaltenen Denkens. Sie trennt uns von unserer wahren Identität, die Liebe ist. Liebe und Schuld können nicht zusammen existieren. Das Ego verbirgt uns diese Wahrheit und möchte, daß wir glauben, wir könnten andere Leute angreifen, ihnen Vorwürfe und Schuldgefühle machen . . . und sie gleichzeitig lieben. Nichts ist weiter von der Wahrheit entfernt.

Das Spiel mit der Schuld

Da Schuldgefühle für unser Ego so anziehend sind, haben wir Angst vor Liebe. Viele von uns haben diese Angst nur allzugut verinnerlicht, und aus diesem Grund finden wir es tatsächlich sehr schwer, in positiven, liebevollen Beziehungen zu leben.

Das Spiel mit Schuld und Vorwürfen ist immer verführerisch, ob es nun um eine persönliche, berufliche oder politische Beziehung geht. Aber dieses Spiel bewirkt lediglich, daß wir uns selbst bestrafen und das Gefühl haben, getrennt zu sein.

Das Spiel mit der Schuld beginnt meistens mit einem Zustand der Angst, in dem wir den anderen als Angreifer wahrnehmen oder glauben, daß er sich weigert, uns das zu geben, was wir meinen verdient zu haben. Wir reagieren darauf, indem wir zurückschlagen, uns verteidigen, dem anderen Vorwürfe machen und versuchen, ihm einzureden, daß er für das, was falsch gelaufen ist, die Verantwortung trägt.

In der Ehe zum Beispiel kann dieses Spiel so anfangen, daß der Mann das Gefühl hat, seine Frau gebe ihm nicht das, was er glaubt zu verdienen. Er wird ärgerlich. Es ist, als würde er einen glühenden Ball, gefüllt mit Schuld und Vorwürfen, in die Hand nehmen und ihr zuwerfen. Sie fängt den Ball, fügt noch weitere Schuldgefühle und Anklagen hinzu und schmettert ihn zurück. Jeder der beiden Spieler fährt fort, in seiner eigenen uralten Sammlung von Gefühlsmüll zu kramen und immer noch etwas mehr Schuld in den Ball zu packen. Das Eigentümliche ist, daß es den Spielern, wenn das Spiel erst einmal ins Rollen kommt, ganz egal ist, wie alles angefangen hat. Wenn ein Dritter das Spiel unterbricht, indem er fragt, worum es eigentlich geht, weiß keiner der beiden eine Antwort.

Eine weitere Variante dieses Spiels mit der Schuld ist das Tauziehen. Jeder der beiden Partner zieht an einem Ende und versucht, ihn über eine imaginäre Linie zu zerren, und wenn ihm das gelingt, scheint bewiesen zu sein, daß er recht und der andere unrecht hat.

Obwohl die Auflösung des Spiels mit der Schuld einfach ist, können die meisten von uns das nur schwer akzeptieren, weil das Ego dem Versuch, zu gewinnen, so große Bedeutung beimißt. Wir halten an der Schuld fest, weil sie uns in unserem tiefsitzenden Glauben bestärkt, das Leiden verdient zu haben. An dem Punkt, wo wir anfangen, bewußter

Wenn wir das Spiel mit der Schuld aufgeben,
dann befreien wir uns.

wahrzunehmen, welchem Zweck die Schuld in unserem Leben dient, können wir auch sehen, wie krank das gespaltene Denken ist. Dann lassen wir los und befreien uns und unseren Partner von dem Spiel.

Das Spiel mit der Schuld kann genauso beendet werden wie das Tauziehen: Einer läßt das Ende des Seils einfach fallen und weigert sich, noch länger mitzuspielen, weil er dem Spiel keine Bedeutung mehr beimißt. Wenn das geschieht, steht der andere mit dem Seil in den Händen allein da.

Und wenn jemand auf diese Weise mit dem Seil allein gelassen wird, hat er die Wahl, es hinzulegen und das Spiel zu beenden oder sich nach einem anderen Menschen umzuschauen, der das Seil wieder aufnimmt. Leider suchen jedoch viele in ihrem Leben ständig neue Partner, die mit ihnen das Spiel von Schuld und Vorwurf spielen. Dabei entgeht uns die Erfahrung der Liebe.

Loslassen

Kürzlich erhielten wir einen Brief von einem Mann, den seine Frau verlassen hatte, weil sie glaubte, er sei ein hoffnungsloser Trinker. Sie liebte einen anderen Mann und hatte die Scheidung eingereicht. In seinem Brief stand:

»Ich fühlte mich durch diese Ereignisse völlig vernichtet und begann – wahrscheinlich zum erstenmal in meinem Leben – in mich zu gehen. Ich fing an, die Grundsätze der Heilung von inneren Einstellungen anzuwenden in dem Wissen, daß ich keine Liebe erfahren konnte, wenn ich weiterhin an Schuldgefühlen und Vorwürfen festhielt. Jetzt endlich ergab das alles für mich einen Sinn.

Ich habe jetzt ganz mit dem Trinken aufgehört. Mir ist

sehr klar bewußt geworden, daß ich den Großteil meines Lebens voller Wut war und mir selbst und anderen gegenüber eine unnachgiebige Haltung eingenommen habe. Ich nehme an, ich wünsche mir, wie jeder andere Mensch auch, Liebe und Anteilnahme und glaube zugleich, nicht bedingungslos lieben und mitfühlen zu können, weil ich so ärgerlich auf mich bin und so viele Schuldgefühle habe.

Vielen Dank für Ihre Hilfe. Mir ist jetzt klar, daß Mitgefühl und Verständnis das gleiche sind. Jeder meiner Versuche, mein Leben zu analysieren, ist fehlgeschlagen, weil mein wirkliches Problem in meiner Einstellung zum Leben bestand, die gefärbt war von meinem Mangel an wirklichem Mitgefühl, der auf meinem Ärger beruhte.

Jetzt bete ich jeden Morgen, Gott möge mein Leben in die Hand nehmen, mir den Mut und die Stärke geben, nüchtern zu bleiben und die Botschaft von Liebe, Vergebung und Mitgefühl überall mit hinzunehmen. Und ich bedanke mich täglich für die Liebe und die Unterstützung, die ich erhalte.«

Wir können positive, liebevolle Beziehungen in unserem Leben aufbauen, wenn wir uns darauf konzentrieren, statt nach Fehlern nach Liebe zu suchen, und allen Verlockungen widerstehen, anderen oder uns selbst für die Schwierigkeiten Vorwürfe zu machen, auf die wir stoßen. Um das Spiel mit der Schuld zu beenden, müssen wir uns nur daran erinnern, daß Liebe und Schuld nicht gleichzeitig existieren können. Es steht jedem von uns wirklich frei, das eine oder das andere zu erleben. Wenn wir uns für Schuld entscheiden, wird Liebe automatisch ausgeschlossen. Wählen wir die Liebe, ist für Schuld kein Raum.

Unser Leben kann sich einschneidend verändern, wenn wir Schuld, Ärger und Vorwürfe loslassen und beschließen, statt dessen ein mitfühlender Botschafter der Liebe zu

Freiheit heißt loslassen, was wir festhalten.

werden. Es ist schwer, einen ganzen Tag lang keine Urteile zu fällen, nicht ärgerlich zu werden und uns und andere nicht zu mißbilligen. Aber unser Vorsatz, uns so zu verhalten, ist sehr wichtig. Es ist ganz wesentlich, daß wir Frieden und Liebe anstreben, selbst wenn wir dieses Ziel nicht in jedem Augenblick des Tages erreichen.

Lassen Sie uns Schritt für Schritt vorgehen und jeden Morgen friedlich mit der Absicht beginnen, anderen keine Vorwürfe zu machen und bei anderen keine Schuld zu suchen. Lassen Sie uns heute das Geschenk der Liebe weiterreichen, statt uns selbst und andere zu verurteilen.

Liebe oder Angst in anderen sehen

Statt die Menschen in unserer Umgebung als Angreifer wahrzunehmen, können wir uns daran erinnern, daß es auch eine andere Sicht der Welt gibt. Wir können uns ins Gedächtnis rufen, daß es in Wirklichkeit nur zwei Emotionen gibt: Liebe und Angst. Wenn wir das wissen, steht es uns offen zu sehen, daß der Mensch, der uns angreift, Angst hat und einen Hilferuf nach Liebe aussendet.

Wie sieht Ihre erste Reaktion aus, wenn Sie das Gefühl haben, daß jemand Sie angreift? Wie die meisten von uns, werden Sie sich wahrscheinlich sofort verteidigen oder einen Weg finden, zurückzuschlagen. Und auf diese Weise wird das Spiel von »Angriff und Verteidigung« in Gang gesetzt.

Wenn wir jedoch beschließen, den anderen nicht als Angreifer, sondern als ängstlichen Menschen wahrzunehmen, kann sich unser Herz voller Mitgefühl öffnen, und wir können mit diesem Menschen liebevoll umgehen. Wir alle haben erlebt, wie schwer es ist, jemanden in unsere Liebe einzuschließen, von dem wir glauben, angegriffen zu werden, daß es aber leicht ist, einen Menschen zu lieben, dessen Angst wir sehen.

Ärger, Eifersucht, Depression und Feindseligkeit scheinen völlig unterschiedliche Emotionen zu sein. In Wirklichkeit aber sind sie alle Facetten der Angst. Wenn wir sie als eine Form von Angst betrachten, können wir andere mit neuen Augen sehen. Wir haben die Freiheit, uns für eine liebevollere Reaktion auf Menschen zu entscheiden, die wir ursprünglich als Angreifer wahrgenommen haben.

Immer wenn wir meinen, von unserer Frau oder unserem Geliebten, unseren Kindern, Eltern, Chefs, Kunden oder Verkäufern im Laden angegriffen zu werden, können wir beschließen, die Angst sowohl in ihren als auch in unseren Reaktionen zu sehen. Wenn wir begreifen, daß diese Angst die Quelle für die unterschwelligen Spannungen in dieser Beziehung ist, können wir unsere Reaktion auf diesen Menschen ändern. Wir sind in der Lage, das Spiel von Angriff und Verteidigung zu beenden.

Wir haben immer die Freiheit zu wählen, was wir wahrnehmen. Wenn wir beschließen, unseren Verstand umzuschulen, können wir zu anderen Wahrnehmungsweisen gelangen, die uns helfen, unsere Abwehr fallenzulassen. Wir haben immer die Wahl, die Angst des anderen zu sehen, statt ihn als Angreifer zu begreifen. Wir können mit Mitgefühl und bedingungsloser Liebe statt mit Ärger reagieren. Aus unserem Herzen heraus haben wir die Kraft, ihnen nicht mit Angst, sondern mit Liebe zu begegnen.

Halten Sie einen Moment inne, wenn Sie sich das nächste Mal angegriffen fühlen, und stellen Sie sich vor, daß der andere die Arme ausstreckt und sagt: »Hilf mir!« Wenn Sie diese Visualisierung benutzen, um sich daran zu erinnern, daß der andere in Wirklichkeit Angst hat und einen Hilferuf nach Liebe aussendet, werden Sie feststellen, daß Sie völlig anders reagieren. Statt einen Angriff wahrzunehmen, der

auf Ihrer Seite Abwehr und Gegenangriff provoziert, werden Sie einen ängstlichen Hilferuf hören, auf den Sie von
selbst ganz anders eingehen.

Meilenstein 3

In all unseren Beziehungen liebevoll kommunizieren

Bringt mir mein Ärger wirklich das, was ich will?

Ärger ist eine Emotion, die viele von uns täglich erleben. Wir akzeptieren Ärger offensichtlich als einen Aspekt unseres Wesens und gehen im Grunde davon aus, daß er integraler Bestandteil unseres Lebens ist.

Solange wir das Gefühl haben, daß unser Ärger durch andere Menschen verursacht wird, werden wir auch glauben, er sei »berechtigt«. Wir meinen, an unserem Ärger festhalten zu müssen, weil diese Menschen offenbar Dinge getan haben, die unseren Zorn und unsere Wut verdienen. Solange wir uns von diesem »berechtigten« Ärger nicht lösen, ist in unserem Herzen wenig Raum für Liebe. Viele Menschen halten ihr ganzes Leben lang an »berechtigtem« Ärger fest und fragen sich dann, warum die Liebe an ihnen vorbeigeht.

Es ist wichtig, unsere Menschlichkeit zu achten, zu der auch Ärger gehört. Und wichtig ist auch, sich des Ärgers sofort bewußt zu sein und positive Wege zu finden, ihm Ausdruck zu verleihen. Es bringt uns keinen Frieden, wenn wir unseren Ärger auf uns selbst oder andere abwälzen. Es gibt bessere Möglichkeiten, mit Ärger umzugehen.

Auf ein Kissen einschlagen, in der Dusche laut brüllen,

aufschreiben, was wir fühlen, und uns mit dem Menschen, auf den wir ärgerlich sind, in Gedanken unterhalten – das sind nur einige Möglichkeiten, Ärger auszudrücken, ohne uns oder andere zu verletzen. Dann können wir uns, statt unseren Ärger aufzubauschen, fragen: »Welchen Zweck hat mein Ärger? Bringt er mir wirklich das, was ich will? Bringt er mir inneren Frieden?«

Das Unterbewußtsein hat seine eigenen Gesetze: Es reagiert auf geringfügigen Ärger genauso wie auf große Wut. Ein ärgerlicher Geist kann niemals entspannt sein, denn er ist voller »Angriffsgedanken«. Friedliche und liebevolle Gedanken können nicht mit ärgerlichen, aggressiven Gedanken zusammen existieren.

Wenn wir anfangen zu begreifen, daß wir die äußere Welt, die wir erleben, mit unseren eigenen Gedanken erschaffen, sehen wir auch, daß wir nur unser Denken ändern müssen. Wir können dann mit Überzeugung sagen: »Mein eigenes Denken ist der Bereich der Welt, den ich verändern und kontrollieren kann.« Je eindeutiger wir inneren Frieden als unser einziges Ziel wählen, desto klarer wird uns, daß Ärger uns niemals das bringt, was wir wirklich wollen.

Bringt es mir Frieden und Liebe, wenn ich andere angreife?

Solange wir andere Menschen angreifen, können wir niemals zu innerem Frieden und Liebe gelangen, egal, wie viele Gründe wir auch für unseren Ärger finden.

Es gibt einen Teil in uns, der sich nicht bewußt machen möchte, daß unsere Selbstverteidigung in Wirklichkeit ein Angriff auf andere ist und daß wir nicht gleichzeitig Angriffsgedanken hegen und Liebe erfahren können.

Wenn wir andere angreifen, verbergen wir unbewußt

unsere eigenen Angst- und Schuldgefühle, die uns in erster Linie verletzlich machen. Dann projizieren wir unsere unbewußten Emotionen auf den anderen und verleugnen, daß sie unsere eigene Schöpfung sind. Wir betrachten den anderen als unseren Feind, statt zu sehen, daß wir selbst ihn uns zum Feind gemacht haben.

Der Mechanismus von Angriff und Verteidigung führt zu dem Trugschluß, wir könnten uns in Sicherheit wiegen. Weil wir glauben, angegriffen zu werden, fühlen wir uns verletzlich und schwach. Wenn wir uns fortlaufend für diese Gefühle entscheiden, schaffen wir einen endlosen Kreislauf von Selbstverteidigung und Gegenangriff. Diesen Kreislauf beginnen wir erst dann zu durchbrechen, wenn wir Angriffe als das sehen, was sie in Wirklichkeit sind: ängstliche Hilferufe.

Wie können wir den Kampf aufgeben und inneren Frieden schaffen? Erinnern wir uns daran, daß wir nur dann wirklich sicher sein können, wenn wir überhaupt keine Angriffs- und Verteidigungsgedanken kreieren. Ein Angriff droht uns nur, wenn wir unsere eigenen Angriffsgedanken in die Welt hinausprojizieren.

Wenn wir sehen, daß unsere Widersacher ängstlich sind und uns eher um Hilfe bitten als uns anzugreifen, gelangen wir in eine Position der Stärke. Wir begreifen schließlich die Wahrheit, daß uns allen die Möglichkeit offensteht, Frieden zu wählen.

Wenn wir in diesem Augenblick leben, als sei er der einzige, den es jemals gegeben hat und geben wird, fühlen wir, wie wertvoll es ist, sich für Liebe und Frieden zu entscheiden. Die Folge ist, daß die Angriffs- und Verteidigungsstrategien in unserem Leben sowohl an Reiz als auch an Wichtigkeit verlieren. Wenn wir ganz für den Augenblick leben, tritt das Ego zurück, und der Geist der Liebe wird wieder lebendig.

*Mich mit Ärger und Angst vollzustopfen
zieht mich runter.*

Zuhören

Wir beginnen, wirklich freundliche Beziehungen zu entfalten, wenn wir anderen mit Liebe, Sensibilität, Offenheit und Verständnis zuhören. Wir spüren unsere gegenseitige Verbundenheit in all unseren Beziehungen, wenn wir mit einer Freundlichkeit und Geduld zuhören, die besagen: »Ich habe unendlich viel Zeit, dir zuzuhören. Du bist wichtig für mich, und auch das, was du mir zu sagen hast, ist mir wichtig.«

Mit Liebe zuhören, heißt nicht unbedingt, daß wir dem anderen zustimmen müssen, wohl aber, daß wir ihn anhören, ohne ihn anzugreifen oder uns defensiv zu verhalten. Wir hören ohne Anmaßungen, Erwartungen oder Forderungen zu. Mit offenem Herzen nehmen wir seine Worte auf, wobei wir den anderen als ebenbürtig respektieren.

Zuhören ist nicht passiv, sondern beinhaltet eine bewußte Entscheidung. Wenn wir auf unser Ego hören, sind wir versucht, alle anderen Stimmen auszublenden. Folgen wir dagegen der inneren Stimme der Liebe, entscheiden wir uns auch dafür, liebevoll zuzuhören.

Zuviel reden, nicht zuhören, andere ständig unterbrechen, bevor sie zu Ende gesprochen haben, das sind verbreitete Verhaltensweisen, die wir zeigen, wenn wir auf das Ego hören. Die unterschwellige Botschaft, die wir anderen damit vermitteln, lautet: »Ich möchte, daß du mir zuhörst, denn was ich zu sagen habe, ist am wichtigsten.« Oder: »Ich bin zu beschäftigt und habe zu sehr mit mir selbst zu tun, um deinem unwichtigen Gerede zuzuhören!«

Viele Konflikte zwischen Eltern und Kindern sind darauf zurückzuführen, daß wir nicht mehr wissen, wie wir uns gegenseitig liebevoll und geduldig zuhören können. Kinder lernen leicht zuzuhören, wenn die Eltern es ihnen beibringen und vormachen.

Es gibt Familien, in denen Kinder bestraft und ausge-

schimpft werden, wenn sie es wagen mitzuteilen, wie sie
sich fühlen. Oft wird Kindern deswegen nicht zugehört,
weil ihre Eltern einfach nicht da sind, oder der Vater ist
hauptsächlich mit Zeitunglesen und die Mutter mit Telefo-
nieren beschäftigt.

Zuhören bedeutet nicht zwangsläufig, daß wir mit dem
anderen übereinstimmen. Mit Liebe zuhören heißt auch,
daß wir *nein* sagen und unseren Kindern oder den Erwachsenen in unserem Leben Grenzen setzen. Gemeint ist, daß
wir unseren Kindern, Freunden, Mitarbeitern, Partnern,
Ehegefährten – praktisch jedem, den wir treffen – die Zeit
und den Raum geben, sich nicht nur mit Worten, sondern
auch mit Emotionen auszudrücken.

Wenn für die Entwicklung von liebevollen Beziehungen
eine Fähigkeit nötig ist, dann die Kunst des Zuhörens. Die
meisten von uns haben Tag für Tag einen so vollen Ter-
minkalender, daß sie sich einreden, sie hätten keine Zeit
zum Zuhören.

Wir können das Zuhören lernen, wenn wir uns jeden
Tag etwas Zeit nehmen, um unseren Verstand zur Ruhe zu
bringen, unseren eigenen Gedanken zu lauschen und uns
dann für andere zu öffnen. Wahrscheinlich können Sie das
am besten frühmorgens, wenn Sie sich ein paar Augenblicke gönnen, um der Musik des neuen Tages zu lauschen,
die ihre ganz eigene Melodie hat. Vielleicht gelingt es Ihnen
aber auch besser spätabends, wenn es in der Wohnung still
ist.

Ein junger Mann namens Tinman Walker ist für alle, die
ihn in unserem Zentrum gekannt haben, ein wichtiger Lehrer gewesen. Als er das erste Mal zu uns kam, war er etwa
vierzehn Jahre alt. Zwei Jahre zuvor war er mit seinem
Fahrrad von einem Lastwagen überfahren worden. Er
hatte infolge dieses Unfalls fast drei Monate lang im Koma
gelegen.

Als wir Tinman begegneten, hatte er in der Physiothera-
pie sehr hart gearbeitet, um von seinen Verletzungen zu
genesen, aber er war immer noch spastisch gelähmt und
sprachlich behindert. Er sprach sehr langsam, und man
konnte ihn oft nur schwer verstehen.

Wir können uns noch daran erinnern, wie Tinman zu
seinem ersten Treffen im Zentrum mit etwa vierzehn anderen Kindern in seinem Alter, die lebensbedrohlich erkrankt
waren, kam. Tinman verkündete, daß er einen Witz erzählen wolle. Aufgrund seiner Sprachstörung brauchte er für
den Witz, der eigentlich in ein bis zwei Minuten erzählt
wäre, fast eine Viertelstunde.

Daraufhin geschah etwas sehr Bemerkenswertes. Als Tinman begann, seinen Witz zu erzählen, hörte jeder – und wir
meinen wirklich jeder – mit voller Aufmerksamkeit zu und
konzentrierte sich auf jedes Wort. Es gab keine Ungeduld
und keine Unaufmerksamkeit. Niemand schweifte in Gedanken ab, und niemand versuchte, ihn zu unterbrechen,
seine eigene Geschichte zu erzählen oder den Witz für ihn zu
Ende zu bringen. Als wir das beobachteten und zuhörten,
stiegen uns Tränen in die Augen, denn uns wurde klar,
wieviel Anteilnahme, Liebe und Geduld jeder in diesem
Raum zeigte.

Als Tinman dann die Pointe erzählte, war der Raum
voller Lachen. Tinman strahlte vor Freude. Er berichtete,
daß er immer viel Humor gehabt habe, aber seit dem Unfall
schien sich niemand mehr die Zeit zu nehmen, seinen Wit-
zen zuzuhören, weil er so schrecklich lange brauchte, um sie
zu Ende zu erzählen. Dies war das erste Mal, daß Zuhörer
die Geduld aufbrachten, ihn einen Witz vollständig erzählen zu lassen. Er fügte mit Tränen in den Augen hinzu, daß
er noch niemals soviel bedingungslose Liebe erlebt habe.

Im Zentrum haben wir ein kleines Holzschild, das eines
der Kinder uns geschenkt hat. Darauf heißt es ganz einfach:

STAND FÜR
GEDULDIGES
UND
LIEBEVOLLES
ZUHÖREN

*Ich bin entschlossen, wirklich mit Liebe
und Geduld zuzuhören.*

»Lieben heißt zuhören, und zuhören heißt lieben.« Wir
glauben, daß fast jeder von uns daran erinnert werden muß,
ohne Kritik oder Mißbilligung zuzuhören; es ist das Funda-
ment für alle liebevollen Beziehungen.

Wir haben von diesen jungen Menschen gelernt, daß wir
die Kunst des sensiblen Zuhörens lernen müssen, wenn wir
liebevolle Beziehungen haben wollen. Wir sollten anderen
nicht nur mit unseren Worten, sondern auch mit unserer
Aufmerksamkeit und unserem Schweigen zeigen, daß wir
an ihnen ebenso interessiert sind wie an uns selbst.

Unsere Beziehungen verbessern sich und werden geheilt,
wenn wir jeden Tag mit dem Ziel beginnen, aufmerksame
Zuhörer zu werden, die die Welt mit ihrer Fähigkeit ver-
wöhnen, mit bedingungsloser Liebe zuzuhören.

Wir alle können viel über Liebe lernen, wenn wir in
Momenten des Schweigens und Alleinseins der inneren Musik der Stille lauschen. Das Herz der Liebe, das uns alle

erschuf, ist in der Stille immer da und erinnert uns daran, daß wir nicht allein sind.

Benutze ich Beziehungen, um mich abzugrenzen oder um Verbundenheit herzustellen?

Wenn wir mit anderen kommunizieren, stellen wir uns selten höchst wichtige, aber einfache Fragen, wie: »Welchen Zweck verfolge ich mit diesem Gespräch? Geht es mir um Verbundenheit oder um Abgrenzung? Was möchte ich wirklich erreichen?«

Zielt alles, was ich in meinen sämtlichen Beziehungen denke, sage und tue, wirklich darauf ab, mich mit anderen zu verbinden? Wenn jeder von uns diese Frage mit einem eindeutigen Ja beantworten kann, werden wir einen inneren Frieden erleben, der unsere kühnsten Vorstellungen übertrifft. Wenn wir beschließen, daß all unsere Beziehungen dem Zweck dienen sollen, uns mit anderen zu verbinden, können wir uns auf jeden Menschen positiv beziehen, denn wir haben uns entschieden, unsere Liebe auszuweiten.

Und doch neigen wir so leicht dazu, dem Ego zu folgen, das uns einflüstert, unser Austausch mit anderen diene dem Zweck, Trennungen zu erschaffen. Wie Marionetten des Egos wälzen wir unseren Ärger oft auf andere ab. Wir stellen provokative Fragen, um andere Menschen in die Defensive zu drängen. Wir werden zu Nörglern, die die Gedanken und das Verhalten anderer Menschen permanent verurteilen.

Das Ego kann einen mächtigen Einfluß auf unser Leben ausüben. Wenn wir ihm einfach blind gehorchen, leben wir unser Leben in Angst und voller Mißtrauen. Wir sind somit schnell dabei, andere anzugreifen und unsere Position – ganz gleich, um was es inhaltlich geht – zu verteidigen.

Manchmal erscheint uns dann die Welt als ein Ort, wo Menschen nur in Form von Angriffen miteinander kommunizieren und Trennung das einzige Ziel ist. Für das Ego ist dies ein Ausdruck gesunden Menschenverstandes, wenn auch Sie angreifen und in jedem Augenblick bereit sind, sich zu verteidigen, nur um in einer solchen Welt zu überleben. In solchen Zeiten ist die Versuchung, dem Ego zu folgen, am stärksten.

Es ist jedoch sehr wichtig, hier anzumerken, daß wir nicht mit anderen übereinstimmen oder unsere eigenen Überzeugungen aufgeben müssen, wenn wir Verbundenheit und nicht Getrenntheit als unser Ziel betrachten. Wir dürfen nicht den Fehler machen, Verbundenheit mit »Frieden um jeden Preis« gleichzusetzen. Indem wir Verbundenheit zum Ziel von Kommunikation erklären, beschließen wir auch, all unsere Gedanken liebevoll auszudrücken. Wenn wir unser Bedürfnis loslassen, andere Menschen zu verurteilen oder abzuwerten, appellieren wir automatisch an unsere liebevolle Energie, mit deren Hilfe wir unsere Vorstellungen äußerst positiv und wirksam ausdrücken können. Die Ergebnisse sind in jeder Hinsicht sehr effektiv, denn wir haben unsere persönliche Energiequelle nicht für das wenig konstruktive Spiel von Angriff und Verteidigung verschwendet.

Bei uns im Zentrum beginnen und beenden wir sämtliche Zusammenkünfte, indem wir uns an den Händen halten, unsere Augen schließen und uns daran erinnern, daß unser einziges Ziel innerer Frieden ist und der einzige Zweck unseres Beisammenseins darin besteht, unsere Verbundenheit zu erleben.

Lange Zeit haben wir unsere Direktoren ermutigt, ihre Treffen ebenso zu beginnen, aber da viele in der Zentrumsleitung Geschäftsleute sind, meinten sie, es würde ihnen unangenehm sein. Vor zwei Jahren haben sie dann doch beschlossen, ihre Treffen auf diese Weise zu beginnen und

Beziehungen dienen unserer Verbundenheit.

zu beenden. Seitdem gibt es viel weniger Reibung und viel
mehr Frieden bei den Besprechungen, und außerdem haben
wir festgestellt, daß wir viel mehr erreichen.

Wenn wir im Herzen und Denken miteinander verbunden sind und uns spirituell eins fühlen, erleben wir genau
das Gegenteil von dem, was das Ego für uns will. Wir alle
haben ein spirituelles Wesen, das uns in unserer Verbundenheit mit allen anderen spirituellen Wesen sieht. Einen anderen Menschen anzugreifen oder zu verletzen hieße, uns
selbst weh zu tun. Die Wahrheit ist, daß wir im Geist bereits
miteinander verbunden sind. Die Trennung, die wir empfinden, ist lediglich eine Illusion, die von unseren Angriffsgedanken erzeugt und von dem Glauben unterstützt wird, wir
müßten uns ständig verteidigen.

Wir möchten Ihnen gern vorschlagen, sich für den Rest
dieses Tages bei jedem Austausch mit anderen folgende
Fragen zu stellen: »Welchem Zweck dient diese Kommuni-

kation? Worauf läuft sie hinaus? Ist es mein Ziel, mich mit anderen zu verbinden, oder möchte ich mich abgrenzen, indem ich dem anderen beweise, daß ich im Recht bin und er unrecht hat?«

Wenn Sie sich Verbundenheit zum Ziel setzen, entscheiden Sie sich für Glück und Frieden in all Ihren Beziehungen.

Von kontrollierten zu
freien Beziehungen

Andere in unser Schema pressen

Unsere Beziehungen schlagen fehl, wenn wir uns von unserem Ego leiten lassen, das uns in dem falschen Glauben wiegen möchte, andere Menschen seien hier auf dieser Erde, damit wir uns wie Götter aufspielen und sie nach unserem Bilde formen können. Das Ego ist so arrogant, daß es glaubt, es wüßte am besten, wie andere Menschen aussehen, was sie sagen und was und wie sie etwas tun sollen.

In seiner Arroganz versucht das Ego, uns einzureden, wir hätten tatsächlich das Recht oder sogar die Pflicht, uns andere Menschen körperlich und seelisch »anzueignen« und ihnen zu diktieren, wie sie ihr Leben führen sollen. Es leitet uns so in die Irre, daß wir uns verhalten, als wüßten wir immer genau, wie etwas richtig gemacht wird, und glauben, der Sinn unseres Lebens bestünde darin, andere zu kritisieren und ihnen zu sagen, was sie zu tun haben.

Solange wir diesem Pfad folgen, sind wir immer nur auf der Suche nach Beziehungen mit Menschen, die unserem Bild zu entsprechen scheinen oder von denen wir glauben, daß wir sie in unser Schema pressen können. Wenn der andere nicht in unser Raster paßt, neigen wir dazu, ihn anzugreifen, abzulehnen oder eine Trennungsmauer zu errichten, die ihn zu unserem Feind macht.

Je mehr wir versuchen, andere nach unserem Bild zu

formen, desto stärker entmenschlichen wir sie und machen sie zu Objekten. Wenn wir mit ihnen kommunizieren, vergessen wir ihre Namen und empfinden beim Austausch mit ihnen wenig oder gar keine Emotionen. Vielleicht stellen wir sogar fest, daß uns Gedanken durch den Kopf gehen, wie: »Es gibt doch eine Menge schwierige und merkwürdige Menschen auf dieser Welt! Wären die Menschen so wie ich, ließe es sich hier viel besser leben.« Und schließlich kommunizieren wir mit dem Kopf statt mit dem Herzen. Unser gespaltenes Denken fragt sich dann, warum es uns immer so schwerfällt, liebevolle Beziehungen herzustellen.

Die Liebe entflieht, wenn Sie versuchen,
andere in Ihr Schema zu pressen.

Eifersucht, Besitzdenken und Konkurrenz

Eifersucht ist der unbewußte Wunsch zu leiden und anderen Menschen an unserem Schmerz die Schuld zu geben. Unser Ego vermittelt uns Doppelbotschaften. Einerseits sagt es uns, wir sollten Liebe suchen, weil unser Herz leer sei. Andererseits vermittelt es uns, wir könnten der Liebe nicht trauen, weil wir früher oder später zurückgewiesen würden. Sind wir eifersüchtig, scheint das der Beweis dafür zu sein, daß das Ego recht hat.

Eine der Hauptaufgaben des Egos besteht darin, in Beziehungen für Eifersucht zu sorgen. Wir erleben Eifersucht als brennenden Ärger, der mit dem Gefühl einhergeht, zurückgewiesen zu werden. Er verwandelt sich oft in Wut, wenn das Ego verzweifelt versucht, das Verhalten und oft sogar das Leben zu kontrollieren.

Eifersucht resultiert aus dem Glauben an die Prinzipien des Egos, die besagen, daß wir uns aufgrund unserer eigenen Gedanken und Taten schuldig fühlen müssen und keine Liebe verdienen. Vielleicht begegnen wir einem Menschen und fühlen uns zu ihm hingezogen, obwohl wir bereits in einer festen Beziehung leben. Um unsere Schuldgefühle zu verbergen, verleugnen wir dann unsere eigenen Gedanken und projizieren sie schnell auf unseren Partner. Und schon sind wir davon überzeugt, daß unser Partner der Schuldige ist, und fahren fort, Informationen zu sammeln, die uns recht geben.

Das Ego kann seine Eifersucht sogar als Liebe verkleiden, aber wir alle wissen, daß Eifersucht mit Liebe nichts zu tun hat. Wir versuchen, anderen Menschen einzureden, daß wir wirklich nur ihr Bestes im Sinn haben, was auch stimmen mag. Es gibt jedoch meistens noch eine andere Seite in uns, die versucht, den anderen zu kontrollieren und zu besitzen.

Eifersucht kann eine Beziehung zerstören. Wenn wir uns

unsicher fühlen, lauert Eifersucht im Dunkeln, bereit zum Angriff. Ihr Einfluß erstreckt sich nicht nur auf unsere Beziehungen zu Ehegefährten und Geliebten, sondern auch auf Beziehungen zu Mitarbeitern, Freundinnen und Freunden, flüchtigen Bekannten und Geschäftspartnern.

Auch in der Abhängigkeitsbeziehung zwischen Eltern und Kind können wir Eifersucht finden. Hier kann die versteckte Regel lauten: »Ich möchte wirklich, daß du in jeder Hinsicht erfolgreich bist, aber nicht erfolgreicher als ich!« Solch ein Vater oder eine Mutter verhält sich unbewußt sehr besitzergreifend und fesselt das Kind immer enger an sich in dem Versuch, das Wachstum und die Unabhängigkeit des jungen Menschen zu kontrollieren oder sogar zunichte zu machen.

Das Ego möchte Menschen und Dinge besitzen, und es ist nie zufrieden. Ganz gleich, was es bekommt, es ist niemals genug, und weil die Liebe fehlt, werden ihm all seine Besitztümer häufig langweilig.

Wir können so stark Besitz ergreifen von dem Menschen, der die Zielscheibe unserer Eifersucht ist, daß wir darauf bestehen, immer zu wissen, wo er sich gerade aufhält. Das Ego gibt dieses Besitzverhalten als Liebe aus. Es hält am anderen fest, als ginge es um sein Leben. Freiheit, Individualität und Unabhängigkeit kommen im Vokabular des Egos einfach nicht vor.

Unser Mangel an Selbstvertrauen kann uns dazu treiben, unser Selbstwertgefühl in der Außenwelt zu suchen, und führt oft zu Konkurrenzdenken. Wenn wir bessere Arbeit leisten als andere, fühlen wir uns für den Moment vielleicht gut. Sind andere aber besser als wir, können wir neidisch werden, weil uns das in unserem Minderwertigkeitsgefühl trifft. Wir können tatsächlich versuchen, uns aufzuwerten, indem wir einen anderen abqualifizieren, und damit machen wir uns zum Opfer des Verhaltens anderer Menschen.

Konkurrenzdenken und Eifersucht dringen in viele Beziehungen ein. Vielleicht haben beide Partner ein geringes Selbstwertgefühl und konkurrieren miteinander um ein positives Selbstgefühl. Wenn einer sich gut fühlt, weil er einen bewußten oder unbewußten Konkurrenzkampf gewonnen hat, ist der andere niedergeschlagen. Solange das Paar diesem Spiel Bedeutung beimißt, bleibt die Beziehung auch dann bestehen, wenn sie unstabil oder gestört ist.

Wenn einer der Partner Selbstvertrauen und Selbstwertgefühl entwickelt, kann es in der Beziehung zu Veränderungen kommen. Ein Mensch, der sich wirklich selbst vertraut, muß nicht mehr konkurrieren, um sich gut zu fühlen. Derjenige, der diese Spiele weiterhin braucht, um eine positive Einstellung zu sich zu gewinnen, bleibt zurück, um alleine weiterzuspielen, oder er sucht sich einen anderen Menschen, mit dem er das Spiel fortsetzen kann. An diesem Punkt schlagen viele Beziehungen fehl.

Dieses Spiel kann die Form annehmen, daß einer der beiden Partner neidisch auf die berufliche Entwicklung des anderen ist. Weil der Partner zu einer neuen persönlichen und beruflichen Freiheit gelangt, bekommt der andere Angst und hat das Gefühl, zurückgelassen zu werden und nicht in der Lage zu sein, den anderen »einzuholen«.
In der heutigen Gesellschaft, wo immer mehr Frauen beruflich erfolgreich sind, fühlen sich oft Männer in einer konkurrenzorientierten Beziehung enorm bedroht. Aufgrund seiner eigenen Ego-Probleme mag der Mann das Gefühl haben, seine berufliche und finanzielle Überlegenheit stehe auf dem Spiel. Wenn er seinen Selbstwert durch Konkurrenzverhalten zu finden sucht, können sein Neid und sein besitzergreifendes Verhalten überhandnehmen, und er versucht vielleicht, seine Frau zu kontrollieren, um sich besser zu fühlen.

Auch wenn er seine Frau vielleicht nach außen hin in

Liebe kennt kein Konkurrenzdenken.

ihrem Erfolg unterstützt, redet ihm eine vesteckte innere Stimme, sein Ego, ein, daß er nicht glücklich sein wird, solange sie erfolgreicher ist als er. Sein Ego sagt ihm, er müsse ihr entweder etwas von ihrem Erfolg streitig machen oder erfolgreicher sein als sie, wenn er überleben und »das Spiel gewinnen« will.

Bei Eifersucht, Neid, Besitzverhalten und Konkurrenz geht es in Wirklichkeit nicht um den anderen, sondern um Widerspiegelungen eigener Ängste und Unsicherheiten, die wir nach außen projizieren.

Wenn wir uns verbindlich darauf einlassen, bedingungslos zu lieben, dem Nörgler in uns den Laufpaß zu geben und am Verhalten von anderen nicht mehr herumzuinterpretieren, sehen wir die anderen mit dem gleichen Interesse wie uns selbst. Dann beginnen Eifersucht und Besitzdenken sich aufzulösen, und ihr Einfluß auf unser Leben nimmt ab.

Bindung

Wie kann ein Begriff, der für den einen mit soviel Freude, Sicherheit, Erfüllung und Kontinuität verknüpft ist, bei einem anderen Befürchtungen, Angriff, Abwehr und größte Angst auslösen? Da das, was wir sehen und wahrnehmen, die Projektionen unserer eigenen Gedankenwelt sind, spiegelt die Macht, die das Wort *Bindung* über uns hat, vielleicht direkt wider, welche Erfahrungen wir mit Beziehungen und Kontakten generell gemacht haben.

Uns verbindlich einzulassen heißt, uns auf vertrauensvolle Weise mit einem oder mehreren anderen Menschen, einer Sache, einem Ideal oder einem Zweck zu verbinden. Es bedeutet, daß Sie sich einbringen und versprechen, zu einem Ziel oder einem Menschen zu stehen. Wenn Sie sich verbindlich einlassen, widmen Sie Ihre Zeit, Energie, Talente und Emotionen einem bestimmten Menschen oder einer bestimmten Sache. So gesehen ist Bindung im allgemeinen ein freiwilliger Akt von seiten desjenigen, der sich einläßt.

Andererseits weist Bindung auch in Richtung Verpflichtung, wie zum Beispiel die, eine Gefängnisstrafe abzusitzen oder sich einer anderen Strafinstanz zu unterwerfen. Dann ist sie fast immer ein unfreiwilliger Akt, bei dem die betreffende Person sich nicht *verbindlich einläßt,* sondern von einem anderen Menschen zu bestimmten Dingen *verpflichtet* wird. Mit anderen Worten, eine Bindung beruht unter diesen Umständen nicht auf der freien Entscheidung des betreffenden Menschen.

Wenn wir den Begriff aus beiden Perspektiven betrachten, wundert es nicht, daß bei diesem Thema viel Verwirrung herrscht. Vielleicht stellen wir uns in Beziehungen unbewußt die Frage: »Lasse ich mich freiwillig auf diese Beziehung ein, oder werde ich zu etwas manipuliert und gezwungen, wofür ich mich sonst gar nicht entscheiden würde?«

Vielleicht entsteht die Verwirrung dadurch, daß wir Bindung mit dem Verzicht auf persönliche Macht verwechseln. Wenn wir uns verbindlich einlassen, vertrauen wir einem anderen Menschen, als wenn er ein Teil von uns selbst wäre. Bekommen wir dann Angst, versucht unser Ego vielleicht, uns einzureden, daß wir damit einen Fehler gemacht haben und der andere unser Leben jetzt in der Hand habe. Selbst unter den liebevollsten Umständen kann diese Angst vor Kontrolle aufkommen und uns pessimistisch in die Zukunft blicken lassen.

Es fällt uns oft auch deswegen schwer, uns zu binden, weil viele von uns noch Schuldgefühle aus früheren Beziehungen mit sich herumtragen, in denen sie die eingegangene Verbindlichkeit nicht eingehalten haben. Bei neuen Bindungen muß das Gewicht aber auf der Gegenwart und nicht auf der

Zukunft liegen; wahre Bindung wird täglich und in jedem Augenblick gelebt. Wenn wir unsere Verbundenheit auf diese Weise stets neu bestätigen und in der Gegenwart von Augenblick zu Augenblick leben, verschmelzen Gegenwart und Zukunft, und wir stellen fest, daß wir uns wirklich auf das Leben eingelassen haben.

Eine Bindung erlaubt keine Kompromisse. Entweder wir entscheiden uns, Verantwortung zu tragen, oder nicht. Wir können uns nicht »irgendwie« verbindlich einlassen.

Wenn wir uns der Liebe und der Führung durch unsere innere Stimme anvertrauen, ist das vielleicht die höchste Form von Verbindlichkeit, die wir eingehen können. Ist unser einziges Ziel innerer Frieden, erreichen wir diesen Frieden auch, denn unser Gefühl der Bindung hängt jetzt nicht mehr von einem Menschen oder einer Sache ab. Alles andere, was wir erreichen wollen, können wir nun als unsere »Absichten« bezeichnen. Eine Bindung ist für uns an keinerlei *Bedingungen* geknüpft. Wenn sie darin besteht, daß wir die bedingungslose Liebe annehmen, die der Quelle entströmt, die uns alle erschaffen hat, und wenn wir uns verbindlich darauf einlassen, diese Liebe an alle weiterzugeben, denen wir begegnen, bleibt kein Raum mehr für Fragen oder Zweifel.

Anderen keine Vorschriften mehr machen

Insgeheim sind wir ständig damit beschäftigt, uns, den Menschen in unserer Umgebung und der ganzen Welt Vorschriften zu machen. Denken Sie einmal einen Augenblick darüber nach. Inhaltlich umfassen unsere Vorschriften ein breites Spektrum: »Was soll ich heute tun? Wo sollte ich in einem Jahr stehen? Wie hätte ich mich in der Situation verhalten sollen? Mein Partner oder meine Partnerin hätte sich so und so verhalten sollen. Und wie läuft es in der Welt? Wenn ich das bestimmen würde, sähe sie sicher anders aus!«

Die Vorschriften, die wir uns ausdenken, sind in Wirklichkeit für unsere Beziehungen eine Quelle von Enttäuschung, Depression und Desillusionierung. Wir glauben, unsere Vorschriften würden uns helfen, uns sicher, geliebt oder einfach nur gut zu fühlen, aber meistens erreichen wir damit nichts weiter als das Gefühl, getrennt zu sein.

In dem unbewußten Versuch, andere dahin zu bringen, daß sie nach den Vorschriften leben, die wir uns für sie ausgedacht haben, schmeicheln wir ihnen oft oder manipulieren sie auf andere Weise. Dabei entflieht die Liebe; wir stülpen dem anderen unsere Vorschriften über und entstellen damit sein wahres Wesen. Deswegen sehen wir in ihm selten den Menschen, der er wirklich ist, und das führt zu dem Gefühl, von ihm getrennt zu sein. Bei unserem Versuch, Menschen nach unseren Vorschriften zurechtzubiegen, nehmen wir nicht mehr wahr, wen wir wirklich vor uns haben. Wir sehen den anderen nur so, wie wir ihn gerne haben möchten.

Unsere Vorschriften sind so subtil, daß wir sie kaum erkennen. Sie sind aber leicht zu identifizieren, und zwar anhand all der vielen Gedanken, die Formulierungen benutzen wie »könnte«, »würde«, »sollte« und vor allem »wenn ..., dann«. Unsere Beziehungen bleiben ungeheilt, wenn wir fortfahren, unsere Urteile, unsere Kontrolle, unser Mißtrauen und unsere Minderwertigkeitsgefühle auf andere zu projizieren, indem wir ihnen stumm oder laut zu verstehen geben, was wir für das Beste halten. Dagegen beginnen Beziehungen zu heilen, wenn wir bewußt beschließen, unsere Listen mit Vorschriften für uns und andere zu zerreißen.

Wie können wir, statt Vorschriften zu machen, dahin

kommen, andere so zu achten und zu akzeptieren, wie sie wirklich sind? Dies kann nur gelingen, indem wir uns anschauen, wie wir diese Vorschriften aktiv entwickeln und darauf achten, ob wir Worte wie »sollte«, »könnte«, »wenn...«, dann« usw. benutzen. Diese Formulierungen zeigen uns, daß wir anderen unsere Vorschriften aufdrängen und Trennung schaffen. Haben wir das erst einmal erkannt, können wir anfangen, uns von unseren Vorschriften freizumachen, indem wir ihnen keine Bedeutung mehr beimessen.

Vermutungen und Erwartungen aufgeben

Die meisten von uns halten es für völlig normal, daß wir an die Menschen in unserem Leben gewisse Erwartungen stellen und ihnen mit bestimmten Vermutungen begegnen. Aber wie gerechtfertigt diese Erwartungen und Annahmen auch sein mögen, sie können viele Konflikte schaffen.

Das Ego liebt es, Erwartungen zu haben. Es weiß, daß wir uns damit einem anderen Menschen ausliefern. Tatsächlich sagen wir: »Ich bin glücklich und zufrieden, wenn der andere meine Erwartungen erfüllt, und wenn nicht, bin ich sehr verzweifelt.« Da es unmöglich ist, andere Menschen völlig zu kontrollieren, müssen wir in unseren Erwartungen zwangsläufig immer wieder enttäuscht werden.

Oft machen wir in unseren engsten Beziehungen unsere Liebe davon abhängig, ob der andere unseren Erwartungen entspricht. Die unterschwellige, nicht unbedingt laut ausgesprochene Botschaft lautet: »Wenn du meine Erwartungen erfüllst, liebe ich dich, und wenn nicht, hasse ich dich.« Und so haben wir vielleicht auch das Gefühl, der andere würde uns einen Beweis seiner Liebe geben, wenn er unseren Erwartungen nachkommt, uns aber ablehnen oder uns sogar hassen, wenn er das nicht tut.

Einfacher ausgedrückt: Je mehr Vermutungen und Erwartungen wir aufbauen, desto geringer ist unsere Chance, uns zufrieden und glücklich zu fühlen.

In der Ehe können die banalsten Dinge zum kritischen Thema und zum Anlaß für große Familienkräche werden. So kann zum Beispiel ein höllischer Streit losbrechen, wenn die Frau vergißt, die Hemden ihres Mannes in die Wäscherei zu bringen, oder wenn der Mann nicht daran denkt, die Bremsen am Wagen seiner Frau reparieren zu lassen. Und natürlich gibt es da immer wieder die alte Geschichte von der nicht zugeschraubten Zahnpastatube, die einen Streit auslöst, der damit endet, daß von Scheidung gesprochen wird.

Wie können wir aus diesem Karussell von Frustration und Enttäuschung aussteigen, das durch unsere Annahmen und Erwartungen in unseren Beziehungen in Gang gehalten wird? Die Lösung besteht darin, inneren Frieden zum einzigen Ziel in unseren Beziehungen zu erklären und nicht zuzulassen, daß unsere innere Ruhe davon abhängt, was der andere tut oder nicht tut. Das bedeutet auch, daß wir unseren Annahmen und Erwartungen keine Bedeutung beimessen.

Wir haben beobachten können, daß viele Beziehungen in dem Augenblick aufblühten und zu wachsen begannen, wo der Mann beschloß, seine Hemden selbst in die Wäscherei zu bringen, oder die Frau den Vorsatz faßte, selbst für die Autoreparatur zu sorgen. Indem beide auf diese Weise die Verantwortung für ihre eigenen Bedürfnisse übernahmen, waren sie plötzlich frei von dem Groll und der Bitterkeit, die sie aufeinander projiziert hatten.

In dem Maße, wie wir bedingungslose Liebe und Akzeptanz praktizieren, entdecken wir auch, daß unser innerer Friede nicht vom Verhalten anderer Menschen abhängig sein muß. Bedingungslose Liebe beginnt damit, daß wir uns

von unseren Vermutungen und Erwartungen an andere freimachen, ein Beschluß, der fast unmittelbar zu unendlich
liebevolleren, friedlicheren und harmonischeren Beziehungen führt. Und damit bereiten wir den Boden dafür, daß
unser Verhalten in Beziehungen aus Liebe statt aus Pflicht
erwachsen kann.

Unsere Kontrolle über andere Menschen aufgeben

Das Ego glaubt, wir könnten in unseren Beziehungen nur
dann Sicherheit finden, wenn wir andere Menschen kontrollieren. Es meint tatsächlich, daß der Sinn von Beziehungen darin besteht, jemanden zu haben, den wir kontrollieren können. Wenn wir glauben, einen anderen Menschen zu
besitzen, oder so tun, als gehöre er uns, folgen wir lediglich
der Überzeugung des Egos, wir könnten nur dann sicher
sein, wenn wir andere kontrollieren.

Bei dem Versuch, andere Menschen zu kontrollieren und
zu manipulieren, setzt unser Ego vor allem drei Mittel ein:
Geld, Sex und Schuld.

Wer in einer Beziehung die finanzielle Macht hat, kann
meinen, der andere habe die »Pflicht«, »ihn glücklich zu
machen«, weil er ja die Rechnungen bezahlt. Und wer kein
Geld hat, glaubt vielleicht, diesen Erwartungen im »Austausch« für seine finanzielle Sicherheit tatsächlich entsprechen zu müssen.

Auch wenn Sex in Beziehungen eigentlich ein Ausdruck
von Liebe ist, kann er als Kontrollmittel benutzt werden.
Ebenso wie mit Geld können wir auch über Sex versuchen,
den anderen zu manipulieren, etwas zu tun oder zu geben,
was er vielleicht nicht möchte.

Das Ego kann andere auch über Schuld und Vorwürfe

kontrollieren, was Eltern oft mit ihren Kindern versuchen. Wenn es in Beziehungen zu Problemen kommt, besteht die erste Abwehrstrategie des Egos darin, dem anderen zu zeigen, daß er unrecht hat. Es möchte Beweise dafür sammeln, daß der andere schreckliche Dinge getan hat, und weil das Ego ja glaubt, im Besitz der »schuldigen« Person zu sein, muß sie sich ändern, weil sonst die Beziehungsprobleme angeblich nicht gelöst werden können.

Das Ego glaubt, die »unschuldige« Person solle bei diesem Spiel um Schuld und Vorwurf das Recht haben, den Schuldigen zu kontrollieren. In Beziehungen, die auf diesem Glauben beruhen, kann der Kampf um Schuldzuweisungen zur Hauptaktivität werden, durch die immer mehr Angst und Getrenntheit heraufbeschworen wird. Für beide Partner wird es dann immer schwerer, Liebe zu erfahren.

Das Bedürfnis des Egos zu kontrollieren und zu manipulieren, sein Wunsch, andere Menschen zu »besitzen« – das alles entspringt der Angst, und diese Angst trennt uns immer von Liebe. Das Ego empfindet ein falsches Machtgefühl oder momentane Befriedigung, wenn es glaubt, Kontrolle über einen anderen Menschen gewonnen zu haben. Auch wenn dieses Machtgefühl niemals von Dauer ist, leugnet das Ego weiterhin, daß wahre Macht nur in der bedingungslosen Liebe zu finden ist.

Wir können andere niemals wirklich kontrollieren. Auch wenn wir sie so weit manipulieren, daß sie uns das geben oder tun, was wir uns wünschen, schaffen wir damit zugleich eine Beziehung, die auf Angst und Getrenntheit beruht. Wenn wir andere mit unseren Kontrollversuchen einsperren, halten wir letzten Endes auch uns selbst gefangen.

Wir befreien uns in dem Augenblick, wo wir aufhören, dem Ego zu gehorchen, das uns einreden will, wir seien nur dann in Sicherheit, wenn wir andere kontrollieren und be-

sitzen. In dem Maße, wie wir unsere Kontrollversuche aufgeben, werden wir immer mehr Liebe erleben und laufend
neue Möglichkeiten entdecken, Beziehungen liebevoll und
harmonisch zu gestalten.

Frieden, Liebe und Glück
in uns selbst finden

An der Vergangenheit kleben

Haben Sie jemals erlebt, daß Sie sich sehr wohl fühlten, zum Beispiel an einem schönen Tag beim Autofahren oder bei einem Spaziergang allein, und plötzlich waren Sie aufgewühlt oder aufgebracht, ohne zu wissen, warum? Meistens schweifen wir in solchen Situationen in Gedanken zu alten, unerledigten Dingen der Vergangenheit ab. Es ist, als wäre ein alter Kampf brandneu entfacht worden und wiederholte sich in der Gegenwart.

Wenn wir uns nicht mehr auf die Gegenwart konzentrieren und in alte Schmerzen und Ängste fallen, werden unsere früheren Wahrnehmungen zu gegenwärtigen Projektionen. Im Augenblick des Projizierens selbst wird uns das selten bewußt, und die schreckliche, negative Vergangenheit scheint in unmittelbare Nähe zu rücken. Die Realität der Gegenwart jedoch können wir alle bewältigen. Denken Sie einmal darüber nach! Haben Sie die Gegenwart jemals *nicht* überlebt?

Wenn wir den Schmerz und die Konflikte aus früheren Situationen auf die Gegenwart projizieren, werden sowohl unser Denken als auch unsere Beziehungen zu Geiseln der Vergangenheit. Solange wir nicht völlig wach sind für die Gegenwart, können unsere Beziehungen von den dunklen Wolken alter, ungelöster Probleme überschattet werden.

Lösen Sie die Ketten der Vergangenheit.

Fast immer wenn wir aufgebracht sind, wird sich mit Sicherheit herausstellen, daß die wahre Quelle für den Konflikt entweder in unserer Vergangenheit oder in unseren Zukunftsängsten liegt, aber gewiß nicht in der Gegenwart. Das Unterbewußtsein findet jedoch Wege, uns einzureden, daß unsere augenblickliche Aufregung mit der Gegenwart zusammenhängt und nichts mit der Vergangenheit zu tun hat.

Beachten Sie, daß selbst das, was vor fünf oder zehn Minuten geschah, jetzt bereits Vergangenheit ist. Wenn Sie sich nicht entspannt fühlen, sollten Sie genau in dem Moment innehalten und sich die Frage stellen: »Geschieht das, worüber ich mich aufrege, jetzt, oder bezieht sich der

Schmerz auf die Vergangenheit? Projiziere ich jetzt meine eigenen Ängste in die Zukunft?«

Der Verstand legt die alten Platten immer wieder auf. Die alten Dramen werden ständig neu aufgeführt, und unser Leben scheint eine endlose Folge von Wiederholungen zu sein. Das gespaltene Denken enthält uns die Wahrheit vor, daß unerledigte Dinge aus früheren Beziehungen die Quelle unseres Konfliktes sind und die Vergangenheit mit der Gegenwart nichts zu tun hat.

Es kann eine große Hilfe für uns sein, wenn wir das Unerledigte aus unseren früheren Beziehungen täglich neu erkennen und uns entscheiden, es zum Abschluß zu bringen, frei zu sein, in der Gegenwart zu leben.

Angst vor Liebe und Intimität

Es ist schwer zu glauben, daß wir genau das fürchten, wonach wir uns am meisten sehnen. Aber die größte Angst vieler von uns ist die Angst vor Liebe und Intimität. Wir fühlen diese Angst, weil wir früher einmal verletzt worden sind und nun alles vermeiden wollen, damit das nicht noch einmal geschieht. Häufig glauben wir dann, nicht liebenswert zu sein. Aus Angst vor Ablehnung können wir uns sogar so distanziert benehmen, daß wir Menschen von uns fernhalten, um kein Risiko eingehen zu müssen, erneut zurückgewiesen zu werden.

Wenn wir uns allein fühlen und keine intimen Beziehungen haben, gelangen wir auch zu der Überzeugung, daß es in dieser Welt sehr ungerecht zugeht. Dieses Gefühl beschleicht uns dann besonders intensiv, wenn wir sehen, wie andere Menschen sich umarmen, küssen und sich nahe sind. Wenn unser Groll oder Ärger wächst, werden wir negative Botschaften aussenden, die andere Menschen noch stärker von uns fernhalten. Selbst wenn wir das nicht bewußt beabsichtigen und meinen, uns Nähe und Intimität zu wünschen, drückt die Energie, die wir um uns verbreiten, manchmal aus: »Komm mir nicht zu nahe!«

Für viele von uns begann die Angst vor Intimität in der Kindheit. Vielleicht glaubten wir, den Ansprüchen und Erwartungen unserer Eltern und Lehrer nicht zu genügen, nicht das zu leisten oder zu sein, was sie von uns erwarteten. In dem Gefühl, nicht so »gut« zu sein, wie andere es wünschten, fingen wir an, uns selbst zu verurteilen.

Viele unserer Kindheitserfahrungen werden immer noch in unserem Erinnerungsarchiv verwahrt und vermitteln uns weiterhin, daß wir nur geliebt werden, wenn wir auch Entsprechendes leisten. Weil wir vielleicht befürchten, daß man uns verurteilt, vermeiden wir ängstlich jedes Risiko, das mit sozialen Kontakten einhergehen könnte. Vielleicht meinen wir auch, wir könnten uns nicht ausdrücken. Oder wir möchten uns aufgrund unserer Minderwertigkeitsgefühle nicht zu eng auf andere Menschen einlassen, weil wir Angst haben, es käme dann früher oder später zu sexuellen Beziehungen, in denen unser Verhalten negativ beurteilt werden könnte.

Viele von uns haben Schwierigkeiten, anderen zu vertrauen, weil wir früher einmal unsere intimsten Geheimnisse einem anderen Menschen mitgeteilt haben, der dieses Wissen dann gegen uns verwendet hat. Und so haben wir Angst vor Intimität und trauen uns nicht, die Chance zu ergreifen und unsere tiefsten Gefühle erneut mit einem anderen Menschen zu teilen.

Das gilt besonders für Männer, die als Kinder keine männlichen Rollenvorbilder hatten, die bereit gewesen wären, ihre Gefühle mitzuteilen. Zu oft haben sie erlebt, daß sie als schwach verurteilt wurden, wenn sie über ihre Gefühle sprachen. Die Vorstellung, anderen ihre innersten

Wir müssen der Liebe vertrauen, statt sie zu fürchten.

Gefühle zu zeigen, ruft also die Angst vor Zurückweisung in ihnen wach. Die Stimme des Egos drückt das oft mit Worten aus wie: »Wenn die Leute herausbekommen, wer du wirklich bist, werden sie dich mit Sicherheit ablehnen.«

Man kann Intimität auch als Einladung betrachten, in die eigene innere Tiefe zu schauen. Aber die Seite in uns, die Angst vor Ablehnung hat, sorgt für Maskierungen, um andere Menschen an diesem »Hineinschauen« zu hindern. Wir meinen, uns auf diese Weise schützen zu müssen, weil andere Menschen sonst entdecken könnten, wer wir wirklich sind, und uns ablehnen. Wir alle wünschen uns Intimität und Nähe, und trotzdem schirmen wir uns durch unser Festhalten an der Angst genau vor dem ab, wonach wir uns am meisten sehnen.

Damit wir diese Intimität erleben können, sollten wir weder Angst noch Schuld einen Wert beimessen und aufhören, uns an diese illusionären Gefühle zu klammern. Unsere Angst ist eine Folge unserer eigenen Wahrnehmung, daß wir uns in der Vergangenheit schrecklicher Dinge schuldig gemacht hätten und nun nur auf Ablehnung stoßen müßten.

Diese Sicht ruft in uns den Glauben hervor, keine Liebe zu verdienen. Diesen Glauben projizieren wir dann hinaus in die Welt und bekommen genau das zurück, was wir aussenden. So landen wir schließlich bei dem Gefühl, in unseren Beziehungen Opfer zu sein.

Das Ego wird tun, was es kann, um die Angst vor Liebe in uns zu schüren und uns daran zu hindern, daß wir uns verzeihen, uns lieben, Liebe annehmen und geben.

Wir sollten der Liebe vertrauen, nicht der Angst. Wenn wir uns selbst und anderen vergeben, ist damit der erste Schritt gemacht, unsere Angst vor Ablehnung sowie vor Liebe und Intimität loszulassen.

Vertrauen

Bei unserer Arbeit mit Tausenden von Menschen, die Beziehungsprobleme haben, stellen wir immer wieder fest, daß die meisten sich darüber beklagen, kein Vertrauen in den anderen zu haben. Wenn wir die Tatsachen unseres Lebens voreinander geheimhalten und nicht über Geld, Untreue und anderes sprechen, stellt das für jede Beziehung mit Sicherheit eine Gefahr dar.

Mißtrauen entsteht nicht nur durch das Verhalten des anderen in der Beziehung, sondern vielmehr dadurch, daß wir unsere Selbstzweifel und unser Mißtrauen auf die Welt projizieren.

Solange eine Beziehung nicht auf Ehrlichkeit und Vertrauen beruht, kann sie nur aus einer endlosen Reihe von Konflikten bestehen. Aufrichtigkeit heißt, in allem, was wir denken, sagen und tun, Integrität und Beständigkeit zu zeigen.

Beziehungen, in denen viel Mißtrauen herrscht, weisen eine hohe Scheidungsrate auf. Selbst nach der Trennung bleiben viele dieser Beziehungen ungeheilt. Bei nur allzu vielen Scheidungen weigern sich beide Partner über Jahre, und manchmal sogar ein Leben lang, zu verzeihen, wodurch ihre sämtlichen Beziehungen zu anderen Menschen beeinträchtigt werden. Weil sie in früheren Beziehungen nicht vergeben konnten, herrscht wahrscheinlich auch in ihren neuen Beziehungen das Mißtrauen.

Solange wir die kranken Beziehungen aus unserer Vergangenheit nicht geheilt haben, können wir auch keine neuen, positiven Beziehungen aufbauen, die vollkommen liebevoll sind. Um das Vertrauen wieder zu lernen, müssen wir sämtliche Emotionen loslassen, die wir noch in unsere schmerzliche Vergangenheit investieren.

Wir können der Gegenwart nur dann vertrauen, wenn wir der Vergangenheit wirklich vergeben haben. Das bedeutet, viele Sichtweisen aufzugeben, die wir uns bereits sehr früh im Leben angeeignet haben. Wir müssen zum Beispiel bereit sein, nicht mehr auf die Stimme des Egos zu hören, die uns sagt, wir sollten alte Wunden niemals vergeben oder vergessen, weil unsere Vergangenheit sich dann mit Sicherheit wiederholt und wir erneut verletzt werden können.

Vertrauen heißt, über den physischen Körper hinaus zu sehen und die Masken zu durchschauen, die Menschen tragen. Wir können »Körpern« nicht wirklich vertrauen, denn sie kommen und gehen. Wir können nur dem vertrauen, was sich niemals ändert, und das heißt, dem spirituellen Wesen, das die wahre Identität eines jeden von uns ist. Vertrauen bedeutet, frühere Verhaltensweisen, die auf Angst beruhten, hinter uns zu lassen und das Licht der Liebe und der kindlichen Unschuld in den Augen all derer zu sehen, die wir kennen, über die wir nachdenken oder denen wir in unserem täglichen Leben begegnen.

Denken Sie einen Augenblick lang an ein kleines Kind. Könnte dieses Baby irgend etwas tun, was Sie ihm nicht

Ich werde heute keine Angst vor der Liebe haben.

verzeihen oder ihm später kontinuierlich vorhalten würden? Wir glauben nicht.

Wir können lernen, der angeborenen Unschuld, dem spirituellen Kern eines jeden Wesens zu vertrauen, statt uns auf
seinen Körper und sein Verhalten zu konzentrieren.

Wir können nicht genug betonen, wie schwierig es ist,
Beziehungen wirklich positiv und liebevoll zu gestalten,
solange unser Mißtrauen aus der Vergangenheit nicht geheilt ist. Wenn wir lernen möchten, der Gegenwart zu vertrauen, müssen wir lediglich unsere negativen Wahrnehmungen aus der Vergangenheit aufgeben.

Lassen wir unser Vertrauen auf den Wahrheiten beruhen,
die ewig sind, statt auf den schmerzlichen Erfahrungen, die

wir früher einmal gemacht haben. Lassen wir es auf dem spirituellen Wesen fußen, das jeder Mensch zum Ausdruck bringt, statt es davon abhängig zu machen, was andere unserer Meinung nach tun müssen, um unsere Liebe und unser Vertrauen zu verdienen.

Vertrauen beruht nicht auf dem, was wir sehen oder hören, sondern auf dem, was wir mit unserem intuitiven Wissen oder Glauben als Wahrheit erkennen. Es gibt in jedem von uns ein verängstigtes Kind, das sich meistens als ärgerlicher, aggressiver Erwachsener äußert. Machen wir unser Vertrauen nicht davon abhängig, was unsere Augen uns über das Verhalten anderer Menschen erzählen, sondern entscheiden wir uns statt dessen dafür, das strahlende Licht der Unschuld und Liebe als die wahre Identität aller zu betrachten.

Sich für das Glücklichsein entscheiden

Können wir uns in einer Welt, die oft so verrückt und ungerecht zu sein scheint, wirklich dafür entscheiden, glücklich zu sein? Die Antwort lautet, ja, absolut! Glück ist unser natürlicher Zustand. Es ist nur unser Ego, das die Illusion erzeugt, das Gegenteil wäre wahr, und zwar indem es uns ermutigt, das Glück außen zu suchen, obwohl es doch offensichtlich ist, daß wir trotz all unserer Bemühungen in der äußeren Welt niemals ein dauerhaftes Glück finden.

Es kann als Faustregel gelten, daß wir das falsche Ziel gewählt haben, wenn wir feststellen, daß wir unglücklich sind. Unser Unglück weist uns darauf hin, daß wir dem Ego folgen, das uns einredet, wir könnten das Glück finden, indem wir etwas »bekommen«. Das kann ein neues Auto sein, eine neue Beziehung, eine Urlaubsreise oder irgend etwas von all den zahlreichen Dingen, die die äußere Welt

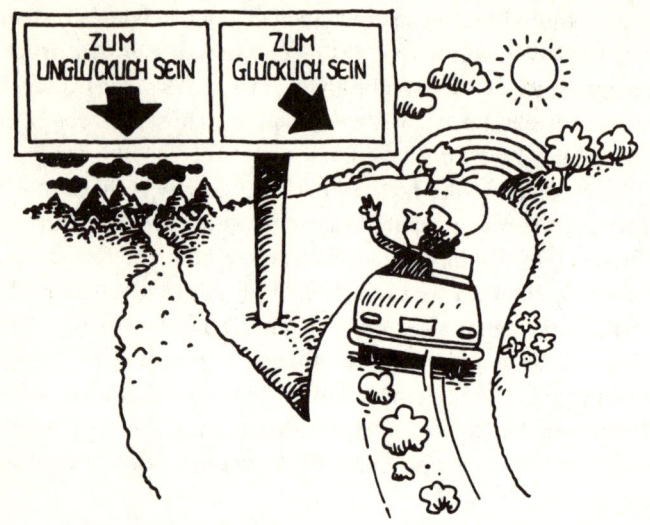

Wir können beschließen, glücklich zu sein.

---

uns bietet. Wenn wir unserem Ego glauben, daß uns diese Dinge glücklich machen, und sie dann nicht bekommen, haben wir tatsächlich das Gefühl, das Glück wäre uns fern.

Glücklich zu sein, ist eine Entscheidung, eine innere Wahl, und hat nichts mit dem zu tun, was in der äußeren Welt passiert. Die höchste Form von Glück und Freude erleben wir wahrscheinlich, wenn wir einem anderen Menschen unsere Liebe schenken, ihm auf dem Lebenspfad weiterhelfen und uns dabei erneut daran erinnern, daß Geben und Nehmen eins sind.

Unser Ego denkt, Glück sei, etwas zu bekommen, was wir haben wollen, wie ein Fahrrad oder ein Auto. Aber ein Glück, das auf Nehmen statt auf Geben beruht, ist kein dauerhaftes Glück.

Wir sind vielen Menschen begegnet, die beschlossen haben, glücklich zu sein, selbst in Krisen, ausgelöst durch den Verlust einer Arbeitsstelle, einen Unfall, eine lebensbedrohliche Krankheit oder den Verlust eines geliebten Menschen. Was auch passiert, Sie können sich jederzeit für Frieden entscheiden. Es bedeutet jedoch nicht, daß sie nicht auch sämtliche anderen menschlichen Emotionen durchleben. Der Unterschied ist, daß sie sich für inneren Frieden als ihr einziges Ziel entschieden haben und wissen, daß dieser innere Frieden nichts mit ihrer äußeren Welt zu tun hat. Sie wissen auch, daß Glück auf der grenzenlosen und ewigen Liebe ihres Herzens beruht und damit etwas ist, was sie niemals verlieren können.

Vergebung
und Heilung

Abhängigkeit:
Unser innerer Gefängniswärter

Das Ego ist ständig darauf aus, Ersatz für Liebe zu finden. Es möchte, daß wir uns wie Kinder im Spielzeugladen verhalten. Es glaubt fest daran, daß unser Glück davon abhängt, alles zu besitzen, was sich in unserer Reichweite befindet. Darüber hinaus möchte unser Ego, daß wir aus vielen Dingen im Spielzeugladen des Lebens Idole oder Götter machen. Diese falschen Bedürfnisse, von denen unser Ego uns weismachen will, unser Glück hinge von ihrer Erfüllung ab, nennen wir »Abhängigkeiten«.

Was ist eine Abhängigkeit? Damit gemeint ist eine Art, mit Menschen, Situationen und Dingen umzugehen, durch die wir Barrieren gegen Liebe und unseren eigenen inneren Frieden errichten. Wir bringen uns jedesmal dann in Abhängigkeit, wenn wir bestimmte Bedingungen und Forderungen stellen, Erwartungen haben oder glauben, gewisse Dinge besitzen zu müssen, um im Leben glücklich zu sein.

Meistens beziehen sich unsere Abhängigkeiten auf das Erreichen ganz bestimmter Ziele, und wenn wir diese verfehlen, sind wir unglücklich und alles andere als zufrieden. So können wir zum Beispiel von bestimmten Verhaltensweisen unseres Partners abhängig sein, die uns wohltun. Sind diese für uns sehr wichtig, und der andere »liefert« uns nicht

*Ich werde zu meiner eigenen Gefängniswärterin,
wenn ich mich von Schuld abhängig mache.*

genau das, was wir von ihm wollen, fühlen wir uns als Opfer
und dem Leben hilflos ausgeliefert. Auf diese Weise werden
unsere Abhängigkeiten zu unseren Gefängniswärtern, die
uns mit den Ketten unserer Erwartungen fesseln.

Wenn wir uns ehrlich fragen: »Wovon bin ich abhängig?«, stellen wir fest, daß wir tatsächlich viele Abhängigkeiten pflegen. Die Liste kann endlos sein und Dinge umfassen wie Geld, Sex, Drogen, Schokolade, schlank sein, ein
schickes Auto besitzen, Schmuck, Bücher oder ein gutes
Aussehen. Wir können sogar von Schmerz, Ärger, Schuld,
Angst, Depression, Versagen, Leiden und dem Bedürfnis,
immer »recht« zu haben, abhängig werden, ja sogar vom
Unglücklichsein überhaupt. Wenn wir nicht im Frieden mit
uns sind, läßt sich das meistens auf eine oder mehrere Abhängigkeiten zurückführen.

Wenn wir abnehmen wollen, verleihen wir oft der Waage
die Macht, über unsere Selbstliebe, unser Glück, unseren
Selbsthaß oder unser Elend zu entscheiden. Oder wir räumen dem Wetter diese Macht ein, wenn wir ein Picknick
planen oder Tennis spielen möchten und es regnet.

Die meisten von uns haben eine lange Liste von Abhängigkeiten und Süchten, die wir unbewußt als armseligen
Ersatz für Liebe benutzen. In unseren Workshops bitten wir
die Teilnehmer oft, sich eine Mülltonne vorzustellen, in die
sie alle ihre Abhängigkeiten hineinwerfen, mit der Erkenntnis, daß diese sie daran hindern, Liebe zu erleben.

Sämtliche Abhängigkeiten beruhen auf dem Glauben des
Egos, Liebe sei Mangelware, sowie auf der Illusion, wir
müßten die innere Leere, die wir manchmal empfinden, mit
Menschen, Dingen oder äußeren Ereignissen füllen. Was
das Ego uns nicht sagt, ist, daß seine Bedürfnisse niemals
völlig befriedigt werden können. Womit wir es auch füttern,
es bleibt unersättlich.

Unsere Abhängigkeiten hindern uns daran, unser spiritu-

Der Schlüssel zur Freiheit von Abhängigkeiten liegt darin,
unser Denken zu ändern.

elles Wesen zu erkennen und zu entdecken, daß das wahre
Glück nur zu finden ist, wenn wir nach innen gehen. Unsere
Abhängigkeiten, aus denen wir Idole machen, bewirken,
daß wir uns ständig voneinander getrennt fühlen und uns im
Grunde immer weiter von der Liebe und Intimität entfer-
nen, die wir im Leben suchen.

Die meisten von uns haben erlebt, daß ihre Beziehungen
in die Brüche gingen, als sie davon abhängig waren, den
anderen zu kontrollieren, damit er ihre Bedingungen und
Erwartungen erfüllte. Je größer unsere Abhängigkeit davon
ist, daß andere Menschen sich unseren Erwartungen entsprechend verhalten, desto mehr fühlen wir uns als Opfer,
machtlos, unser eigenes Leben zu regeln.

Unsere Abhängigkeiten stellen ein Hindernis für unsere
Beziehungen dar, denn sie sind der Grund dafür, daß wir
meinen, unser Glück und unser innerer Friede hingen von
äußeren Kräften ab. Es spielt keine Rolle, ob unsere Erwartungen ganz oder gar nicht erfüllt werden. In beiden Fällen
scheint es, als ob andere Menschen und äußere Ereignisse
uns beeinflussen und determinieren würden. In Wirklich-

keit aber wirken die mächtigsten Kräfte, die Liebe und inneren Frieden beeinflussen, in uns selbst.

Unsere Abhängigkeiten schränken uns wie schwere Fesseln ein, die uns an unsere eigene Angst binden. Sie bewirken, daß wir uns auf Erden nach dem Topf mit Gold am Ende des Regenbogens umschauen, der uns Liebe und Glück bringen soll. Und die ganze Zeit über enthält uns das Ego die Wahrheit vor, daß der Topf mit Gold in Wirklichkeit die grenzenlose, universale Liebe ist, die immer in unserem Herzen wohnt.

Wir können nicht immer die Welt verändern, wohl aber unser eigenes Denken. Wir können beschließen, an unseren Abhängigkeiten festzuhalten oder sie aufzugeben. Wenn wir sie aufgeben, lösen wir ihre Fesseln, befreien uns aus unserer Opferrolle und erkennen, daß wir imstande sind, frei zu wählen.

Für liebevolle Beziehungen ist es äußerst hilfreich, wenn wir unsere Abhängigkeiten erkennen und nicht mehr zur Bedingung für unsere Liebe, unser Glück und unser Wohlergehen machen.

Möchte ich glücklich sein oder recht haben?

Es gibt eine Seite in uns, der so sehr daran liegt, recht zu haben, daß wir durchaus bereit sind, andere Menschen herabzusetzen, damit wir dieses Ziel erreichen. Dabei gehen wir meistens so vor, daß wir anderen Menschen wegen unserer eigenen Schwierigkeiten im Leben Vorwürfe machen oder sie angreifen. Mit Vorwürfen, Schuld und unserem »berechtigten Ärger« kämpfen wir um jeden Zentimeter auf dem Weg zum Beweis, daß der andere unrecht hat und wir im Recht sind. Solange wir am Rechthaben festhalten, können wir weder Glück noch inneren Frieden und Liebe erleben.

Die meisten von uns sind umgeben von Freunden und Familienmitgliedern, die uns in unserem Ärger und Groll bestätigen. Dieselben Menschen können uns auch in dem Glauben bestärken, es sei wichtiger, recht zu haben, als glücklich zu sein.

Immer wenn wir davon abhängig sind, recht zu haben, verurteilen wir andere oder die ganze Welt. Wir wenden uns an unsere Bezugsgruppe, um Menschen zu finden, die uns zustimmen. Und schon sind wir voll von Angriffsgedanken und dem Gefühl von berechtigtem Ärger, während in unserem Denken oder Herzen kein Platz mehr für Glück oder Liebe ist. Wenn unsere Beziehungen darauf beruhen, daß wir recht haben wollen, wenn wir dazu neigen, nur auf Menschen zu hören, die uns zustimmen, wenn wir taub gegen jene sind, die uns widersprechen, können uns folgende Fragen helfen: »Bringt mir mein Verhalten wirklich inneren Frieden? Lebe ich mein Leben so, daß ich glücklich bin?« Wenn die Antwort nein lautet, haben wir wieder eine neue Möglichkeit entdeckt, uns für das Glücklichsein zu entscheiden, statt recht zu haben. Wieder ein neuer Weg eröffnet sich, Liebe in unsere Beziehungen zu bringen, statt uns von anderen abzusondern.

Unversöhnlichkeit und ungeheilte Beziehungen

Unsere Weigerung zu vergeben, spielt in jeder ungeheilten Beziehung die wichtigste Rolle. Aus dieser Weigerung heraus entstehen Urteile, die logisch klingen. In unserem Kopf fällt eine Klappe, die uns daran hindert zu sehen, daß unsere eigenen Projektionen in Wirklichkeit Illusionen sind.

Die Welt möchte uns in dem Glauben wiegen, daß wir von Menschen umgeben sind, die unverzeihliche Dinge tun, und daß es – so wie die Welt nun einmal aussieht – normal und richtig ist, nicht zu vergeben.

Ein Denken, das nicht verzeiht, hat seine eigenen Gesetze, die bewirken, daß die Wirklichkeit so verzerrt wird, daß sie kaum noch zu erkennen ist. Und wenn wir der Welt so gegenüberstehen, verlieren wir unseren Wunsch aus den Augen, der doch einzig darin besteht, zu innerem Frieden zu gelangen. Plötzlich ist unser Denken erfüllt von zahlreichen unterschiedlichen und widersprüchlichen Zielen. Wir sind nachtragend und davon überzeugt, daß alles Unangenehme und Falsche auf den Fehlern der anderen beruht und daß Menschen unverzeihliche Dinge tun, für die sie bestraft werden müssen.

Verurteilung und selbstgerechte Mißbilligung sind die Themen für das Drehbuch mit dem Titel »nicht verzeihen«, das wir ganz alleine schreiben. Wir selbst sind es, die den Menschen mit Vorurteilen begegnen und Schiedssprüche über sie fällen, und wir selbst sind es, die entscheiden können, ob wir vergeben wollen oder nicht.

Unser Beschluß, eine Beziehung nicht zu heilen, beinhaltet auch die Weigerung zu vergeben, so wie umgekehrt unsere Entscheidung zu vergeben der einzige Weg ist, eine Beziehung zu heilen.

Weil wir eine Beziehung vor allem auf der Grundlage unserer projizierten Gedanken und Gefühle erleben, beruhen auch unsere Verletzungen auf unseren eigenen mißbilligenden Gedanken, und unser Vergeben befreit uns.

Das Unverzeihliche verzeihen

An unverzeihliche Dinge glauben

Das Ego glaubt, einige Dinge, die Menschen tun, seien einfach unverzeihlich. Es ist davon überzeugt, daß wir an unserem Ärger und unseren Verletzungen festhalten müssen und es niemals vergessen dürfen, wenn Menschen etwas Unverzeihliches tun. Das Ego läßt uns falsche Warnungen zukommen und versucht uns einzureden, daß wir uns vor erneuten Verletzungen schützen können, wenn wir nicht vergeben, obwohl in Wirklichkeit genau das Gegenteil stimmt.

Wenn wir an das Denksystem des Egos glauben, lautet das Resultat, daß wir unseren Ärger auf andere gegen uns selbst kehren und damit Leiden, Elend und Ablehnung in unser Leben bringen und unglückliche Beziehungen führen. Das Ego glaubt voll und ganz an unverzeihliche Sünden und ist ständig auf der Suche danach.

Solange wir davon ausgehen, daß unsere Identität auf unseren Körper und unsere Persönlichkeit begrenzt ist, werden wir fortfahren, das Glaubenssystem des Egos zu akzeptieren. Wir meinen dann, daß es Menschen in der Welt gibt, die unverzeihliche Dinge tun, und bis daß wir diese Überzeugung endlich loslassen können, werden wir leiden.

Solange unser Ego uns davon überzeugt, daß unsere Interpretation dessen, was uns unsere Augen, Ohren und anderen Sinne erzählen, die Wahrheit ist, werden wir uns selbst zu Göttern erklären, uns zu Richtern und Geschworenen aufspielen, die entscheiden, wer schuldig und wer unschuldig ist, wer Unverzeihliches getan hat und wer unsere Liebe nicht verdient.

Fehler sind Irrtümer,
die korrigiert werden können

Um inneren Frieden zu finden, der der Feind des Egos ist, und um die Realität von Liebe und Unschuld wieder zu erfahren, müssen wir den Glauben des Egos, Menschen täten unverzeihliche Dinge, hinter uns lassen. Solange wir uns weigern zu verzeihen, werden wir auch keinen vollkommenen inneren Frieden erleben.

Wenn wir das Denksystem des Egos aufgeben und uns dem Denksystem der Liebe zuwenden, wird uns wieder klar, daß wir und andere in Wahrheit unschuldig sind. Dann können wir erkennen, daß Liebe und Frieden nur durch den Glauben des Egos an unverzeihliche Sünden von uns ferngehalten werden.

Als auf Papst Johannes Paul II. ein Attentat verübt wurde, suchte er den Mann auf, der ihn schwer verletzt hatte, und vergab ihm von Angesicht zu Angesicht. Die ganze Welt war tief berührt, und viele Herzen öffneten sich. Der Papst demonstrierte damit, daß jeder unsere Liebe verdient und es nichts gibt, was unverzeihlich wäre.

Wir alle haben Dinge getan, für die wir uns schämen, und manchmal haben wir uns vielleicht auch so verhalten, daß wir glaubten, niemand könne uns vergeben. Es hilft uns, wenn wir diese Dinge als Irrtümer sehen, die korrigiert werden können, statt als unverzeihliche Handlungen, für die wir permanent bestraft werden müssen. Weil unser Ego so hartnäckig ist, empfinden manche es als das Schwerste im Leben, sich selbst zu vergeben. Um liebevolle Beziehungen zu schaffen, müssen wir aber lernen, sowohl uns selbst als auch anderen zu vergeben.

Bereit sein zu vergeben

Es ist ganz wesentlich, uns daran zu erinnern, daß wir uns selbst oder anderen niemals aus unserem Ego heraus vergeben können, weil das Ego ein wirkliches Vergeben nicht duldet. Das Ego ist der Teil des gespaltenen Denkens, das glaubt, daß unsere Existenz durch Getrenntheit geprägt ist. Das Ego drängt uns, nicht zu vergeben, denn es weiß, daß diese Haltung zu Getrenntheit und Liebesverlust führt. Manchmal fordert das Ego uns auf, so zu tun, als würden wir einem Menschen vergeben, indem es uns sagen läßt: »Ich habe die menschliche Größe, mit seinem schrecklichen Verhalten fertig zu werden. Aber ich werde mein Lebtag nicht vergessen, wie er mich verletzt hat!« Das hat natürlich mit Vergeben nicht das geringste zu tun.

Wenn wir auf einen anderen Menschen eine kochende Wut und einen tiefen Groll in unserem Herzen verspüren, nützt es meistens nichts, nur mit der Affirmation »Ich vergebe dir« zu arbeiten. Es ist so dem Ego nicht möglich, wirklich zu vergeben. Wir können jedoch die *Bereitschaft* entwickeln zu vergeben. Dann sehen wir unseren Ärger, unseren Groll und unsere nachtragenden Gedanken klar vor uns. Wir können sie jener höheren Macht übergeben, die immer in unserem Herzen wohnt, und die spirituelle Seite in uns vermag, diese Gefühle in Liebe umzuwandeln.

Der Weg der Liebe verläuft völlig entgegengesetzt zum Denksystem des Egos. Liebe sagt uns, daß nichts, was wir oder andere Menschen tun, unverzeihlich ist. Sie glaubt, daß wir zwar alle Fehler machen, aber Fehler verzeihlich sind und korrigiert werden können.

Alles, was wir erleben,
ist eine positive Lektion

Wie kann es möglich sein, daß alles im Leben eine positive Lektion ist? Fast täglich hören wir von schrecklichen Ereignissen, die uns zu der Frage veranlassen: »Gibt es wirklich eine liebende Macht in dieser Welt?« Länder werden durch Bürgerkriege zerrissen, wobei Familien durch Gewalt und Tod getrennt werden. Viele Menschen kämpfen um ihr bloßes Überleben bei Katastrophen wie Überschwemmungen, Umweltvergiftung, Wirbelstürmen, Waldbränden und Erdbeben. Andere stehen vor dem Schicksalsschlag, geliebte Menschen durch eine tödliche Krankheit wie AIDS zu verlieren. Wie ist es möglich, in alldem positive Lektionen zu sehen?

Die Erfahrungen selbst sind nicht positiv. Und trotzdem können sich aus unserer Reaktion auf diese Erlebnisse viele Lernerfahrungen ergeben, die sich letzten Endes als Wohltat erweisen. Oft entdecken wir gerade in den kritischen Augenblicken unseres Lebens, in denen wir vor scheinbar unüberwindbaren Herausforderungen stehen, die größten Chancen für unsere Entwicklung. Wir wachsen über unsere Grenzen hinaus und entdecken, daß wir stärker, klüger, mitfühlender oder kreativer sind, als wir jemals geglaubt haben.

Vor kurzem verlor eine Frau, die wir kennen, im Laufe eines einzigen Jahres ihre beiden Kinder durch verschiedene Krankheiten. Ihr Wunsch, ihren eigenen Schmerz zu heilen, brachte sie dazu, anderen Eltern in ähnlichen Krisen beizustehen. Durch ihre eigene Heilung wurde sie außerordentlich sensibel und mitfühlend. Sie hat sich jetzt in unserem Zentrum, und zwar in Gruppen für Erwachsene und Kinder mit lebensbedrohlichen Krankheiten, beruflich engagiert. Wie können wir angesichts solcher Herausforderungen den Glauben haben, daß diese Erfahrungen in irgendeiner Weise eine Wohltat oder eine Quelle für geistiges Wachstum sind?

Wir beginnen damit, daß wir die Illusion loslassen, Opfer zu sein, auch wenn die ganze Welt dagegen zu sprechen scheint. Sobald wir diese Illusion aufgeben, beginnen wir automatisch, die Verantwortung für unser Leben zu übernehmen und den Herausforderungen, die auf uns zukommen, aktiv zu begegnen.

Unser nächster Schritt besteht darin zu sehen, daß das, was wir als äußere Welt wahrnehmen, in Wirklichkeit eine Widerspiegelung unserer eigenen inneren Welt ist, und damit geben wir uns selbst die Macht, eine positive Realität zu erschaffen. Wir werden aufgeschlossener in unserem Denken und fangen an zu sehen, daß wir ohne Ausnahme alles in unserem Leben als Möglichkeit zum Wachsen betrachten können. Das geschieht natürlich erst dann, wenn wir die Herausforderungen in unserem Leben voll akzeptieren, sie wirklich spüren und respektieren. Wir können nur über das hinauswachsen, was wir als Herausforderung annehmen.

Wenn wir glauben, daß jede Erfahrung ohne Ausnahme eine positive Lektion in unserem Leben darstellt, aus der wir lernen und an der wir wachsen können, entsteht in uns von selbst die Bereitschaft, sämtliche Erlebnisse im Leben anzunehmen. Dann können wir aus allem, was das Leben uns bietet, Positives schaffen und jede Lektion mit Dankbarkeit absolvieren, auch dann, wenn wir noch gar nicht wissen, wie ihre Wohltaten aussehen werden. Bereitschaft öffnet uns für die Möglichkeiten zu wachsen, während Dankbarkeit uns dafür öffnet, sie anzunehmen.

Der Weg nach Hause

Von egoistischen zu heiligen Beziehungen

Heilige Beziehungen

Heilige Beziehungen beruhen auf den Gesetzen der Liebe statt auf denen des Egos. In diesen Beziehungen werden zwei Menschen im Geist eins und teilen die Absicht, nach den Grundsätzen des Gebens, der Verbundenheit und des Vergebens zu leben und ihren Willen mit Gottes Willen verschmelzen zu lassen.

In heiligen Beziehungen sehen beide das Licht der Liebe in sich, im Partner und in anderen Menschen leuchten. Ihr Leben beruht auf dem Glauben, daß Liebe unser natürlicher Geisteszustand ist und niemals ein Mangel an Liebe herrschen wird.

In heiligen Beziehungen sind beide bereit, den Versuch aufzugeben, andere Menschen zu kontrollieren, zu manipulieren, zu beherrschen, zu besitzen oder Forderungen an sie zu stellen. In diesen Beziehungen treten Vertrauen und Gleichheit an die Stelle von Selbstbezogenheit, Eifersucht, Konkurrenzdenken, Angriff und Verteidigung. Hier wird jeder Mensch in seinem Wachstum, seiner Individualität und Unabhängigkeit voll unterstützt, und beide Partner sind erfüllt vom Mitgefühl für diesen Planeten, dieses Universum und für alles, was das Leben ausmacht.

In einer solchen Beziehung existiert nur bedingungslose Liebe. Zwei Seelen kommen zusammen, um eins zu werden und Licht und Heilung in ihre Umgebung zu bringen. Hier ist das Interesse am Wohlergehen des anderen ebenso groß wie am eigenen Wohlbefinden. Diese Beziehung beruht auf bedingungsloser Liebe und Vergebung, und niemand wird von dieser Liebe ausgeschlossen.

Egoistische Beziehungen

Diese Beziehungen dienen vor allem dem Ego. Sie beruhen auf bedingter Liebe und dem Glauben an Getrenntheit. Oft sind es Haß-Liebe-Beziehungen, die uns voneinander und von unserer schöpferischen Quelle getrennt halten. Sie stützen die Überzeugung des Egos, daß einige Menschen unsere Liebe mehr verdienen als andere. Hier wird ein Mensch mehr geliebt als alle anderen, die von der Beziehung ausgeschlossen sind.

Einige typische Stichworte für egoistische Beziehungen:

— Das Gefühl, daß Liebe Mangelware ist
— Furcht und Trennungsängste
— Angriff und Verteidigung
— Ausschließlichkeit
— Wechsel zwischen Liebe und Haß
— Lieber nehmen als geben
— Bedingte Liebe
— Illusionen über Liebe
— Besitzdenken
— Eifersucht
— Ungleichheit
— Manipulation
— Konkurrenz
— Der Wunsch, den anderen zu ändern
  und zu kontrollieren

- Selbstsüchtige Interessen stehen an erster Stelle
- Das Bedürfnis zu leiden
- Angst vor Gott
- Angst vor Einsamkeit
- Abhängigkeit vom physischen Körper
- Eine fordernde Haltung anderen gegenüber
- Verleugnung des eigenen spirituellen Wesens

Unser Ego kreiert Haß-Liebe-Beziehungen, um uns Angst vor Liebe einzuflößen und uns davon abzuhalten, die Liebe zu entdecken. Wenn wir dem Glaubenssystem des Egos folgen, entgeht uns die Gegenwart Gottes und der Liebe, und in unserem Leben breiten sich Chaos, Konflikt, Frustration, selbstgerechter Ärger und Unglück aus.

Eine heilige Beziehung ist ein totales Einlassen auf die Schöpfungskraft der Liebe, die sich durch uns als bedingungslose Liebe ausdrückt.

Der innere Lehrer

Haben Sie jemals eine Entscheidung getroffen, die darauf beruhte, was andere für richtig hielten, obwohl »etwas« in Ihnen sagte, Sie sollten anders handeln? Wenn infolge dieser Entscheidung dann nichts richtig klappte, haben Sie Ihren Entschluß bitter bereut und sich gesagt: »Ich *wußte,* daß ich meinem *Instinkt* hätte folgen sollen!« Dieses instinktive Bewußtsein, das jenseits unserer fünf Sinne liegt, kann als der innere Lehrer bezeichnet werden. Dieser innere Lehrer steht für persönliche Anleitungen, die völlig individuell sind. Jeder Mensch hat eine solche Führung, die ihm alles vermittelt, was er wissen muß.

Viele äußere Lehrer treten in unser aller Leben. Einige gehören zu unserem engeren Kreis und beeinflussen uns über lange Zeit hinweg, wie zum Beispiel Eltern, Verwandte und Freunde, während andere nur kurz mit uns in Berührung kommen und dabei trotzdem einen nachhaltigen Eindruck auf uns machen.

Helden und Vorbilder aus Bereichen wie Sport, Wissenschaft, Kunst, Medizin, Erziehung und Unterhaltung helfen uns, unsere Werte, Bindungen und damit letzten Endes auch unsere Erfahrungen zu gestalten, indem sie die Grundlage für den Entwurf unseres Lebens liefern. Auch wenn die Lektionen, die sie uns bieten, inhaltlich ebenso verschieden sind, wie der Grad ihres Einflusses auf uns variiert, ist ihnen allen gemeinsam, daß sie äußerlich sind, das heißt, eine äußere Quelle darstellen. In diesem Fall sind wir also Empfänger der Lektionen, Handlungen und Leistungen von anderen, die wir verarbeiten und unseren eigenen Erfahrungen einverleiben.

Ihr innerer Lehrer unterscheidet sich jedoch beträchtlich von allen anderen Informationsquellen, und zwar dadurch, daß er nicht im geringsten von äußeren Faktoren beeinflußt wird. Ihr innerer Lehrer hat ausnahmslos und in jedem Fall Ihr Bestes im Sinn. Einzigartig wie Sie, entströmt er Ihrer eigenen inneren Quelle, das heißt Ihrem spirituellen Selbst. Er repräsentiert das intuitive Wissen über das, was für Ihr eigenes Lernen und Wachsen am besten ist, und er manifestiert sich in zahlreichen verschiedenen Formen.

Einige von uns nehmen die Botschaften ihres inneren Lehrers als »Ahnung« war, andere als »gutes Gefühl«. Wieder andere sehen ihn vor ihrem inneren Auge als rotes oder grünes Licht oder vielleicht als Neonschrift. Manche hören auch tatsächlich eine »innere Stimme« oder empfangen, was man als »inneres Diktat« bezeichnen könnte, Botschaften oder Eingebungen. Gerade weil Worte und Formen sonst so oft benutzt werden, um uns voneinander zu trennen, können wir die Tatsache respektieren, daß jeder

Mensch auf seine eigene individuell angemessene Weise mit seinem inneren Lehrer kommuniziert.

Unserem inneren Lehrer oder inneren Führer zuhören, heißt in Wirklichkeit, unserem Herzen zu lauschen, das uns einen Weg weist, der uns zu positiven, liebevollen Beziehungen führt. Entscheidungen, die darauf beruhen, daß wir auf diese innere Führung hören, wirken sich völlig anders aus als die, die auf der Stimme unseres Egos mit all seinen Urteilen und negativen Gedanken aus der Vergangenheit basieren.

Wenn wir wissen, daß der Rat unseres inneren Lehrers der Liebe entspringt und uns hilft zu entscheiden, was wir denken, sagen und tun sollen, können wir still werden und um Anleitung bitten. Dafür brauchen wir Vertrauen und die Bereitschaft, nach dem zu handeln, was wir »hören«. Die Erfahrungen, die wir damit machen, erweitern und vertiefen unsere Beziehung zu unserem inneren Lehrer und zueinander.

Teil 4

Tägliche Lektionen für die Umwandlung von Angst in Liebe

*Liebe und Schuld
können nicht gemeinsam existieren,
wenn wir das eine annehmen,
verschwindet das andere.*

Einleitung

Mit Hilfe der nun folgenden Lektionen können Sie die Idee der Heilung von inneren Einstellungen in Ihren Alltag einbringen. Es geht dabei nicht darum, andere Menschen, sondern allein Ihre Vorstellungen und Glaubensmuster zu ändern.

Die Lektionen wurden als praktische Lebenshilfe entwickelt. Sie gehen auf Situationen ein, in die jeder von uns geraten kann. Sie werden sich dabei die Ideen, mit denen Sie durch die Lektüre der ersten Teile dieses Buches bereits vertraut sind, noch einmal kurz anschauen und dann in Ihrem täglichen Leben praktisch anwenden.

Das Ziel all dieser Lektionen ist innerer Frieden, und die zentralen Themen jeder Lektion umfassen Vergebung und bedingungslose Liebe. Machen Sie sich keine Sorgen, wenn Sie eine Idee beim ersten Lesen nur schwer akzeptieren können oder einfach nicht einsehen, warum eine bestimmte Lektion augenblicklich für Ihr Leben wichtig sein sollte.

Unsicherheiten und Fragen sind ein natürlicher Bestandteil in diesem Lernprozeß. Denken Sie einfach immer daran, daß diese Zweifel ohne Ausnahme verschwinden, wenn Sie die Lektionen durchführen. Wenn Sie sich auf das Praktizieren dieser Lektionen verbindlich einlassen, wird sich Ihre Wahrnehmung ändern, und damit finden Frieden und Liebe Eingang in Ihr Herz, in Ihr Denken und in Ihre Beziehungen.

Hinweise

Sie fangen am besten so an, daß Sie dieses Buch neben Ihrem Bett liegen haben und sich jeden Morgen vor dem Aufstehen eine Lektion durchlesen.

Zusätzliche Ratschläge:

1. Machen Sie täglich beim Aufwachen ein paar tiefe Atemzüge, wobei Sie jedesmal langsam ausatmen. Entspannen Sie sich, und erinnern Sie sich daran, daß heute Ihr einziges Ziel innerer Friede sein wird.

2. Lesen Sie Ihre Lektion für den Tag durch, und stellen Sie sich dann vor Ihrem inneren Auge bildlich vor, wo und wie Sie diese Lektion heute praktisch anwenden werden.

3. Schreiben Sie die Tageslektion auf ein Kärtchen oder ein Stück Papier, und nehmen Sie sich im Laufe des Tages möglichst immer wieder einen Moment Zeit, um sie noch einmal durchzulesen.

4. Noch besser wäre es, wenn es in Ihrem Leben jemanden gäbe, der diese Lektionen täglich mit Ihnen zusammen machen möchte, entweder direkt oder telefonisch.

5. Vergewissern Sie sich, daß Sie die tägliche Lektion ohne Ausnahme auf jede Person und Situation in Ihrem Leben anwenden.

6. Achten Sie darauf, daß Sie die Tageslektion abends, bevor Sie sich zur Ruhe begeben, noch einmal durchlesen und darüber nachdenken.

7. Wenn Sie alle Lektionen durchgearbeitet haben, können Sie Ihr Verständnis vertiefen, indem Sie noch einmal von vorn beginnen und die ganze Reihe wiederholen. Manche Menschen benutzen diese Lektionen auch als tägliche Inspiration, um auf ihrem Weg zu innerem Frieden voranzukommen.

8. Wenn Sie diese Ratschläge beherzigen, werden Sie fest-

stellen, daß Ihnen die Lektionen immer präsent sind. Sie werden sie kontinuierlich in Ihrem Leben anwenden, auch ohne bewußt daran zu denken.

Es gibt noch eine andere Sicht der Welt, und ich bin entschlossen, sie zu finden

Lernen wir, die Welt als Gelegenheit zu betrachten, Trennungen aufzuheben und zu heilen.

Wenn wir uns die Probleme anschauen, mit denen wir auf unserem Planeten konfrontiert sind, scheint manchmal alles voller Angst, Tragik und Dunkelheit zu sein. Wir wachen morgens auf und fragen uns, welche schrecklichen Dinge heute wohl passieren werden. Nicht nur die Ereignisse in der äußeren Welt kommen uns trostlos vor, auch in unserem Inneren herrschen trübsinnige Gedanken. Unser Ego sagt uns, wir sollten das alles als Beweis dafür nehmen, daß wir hilflose Opfer sind, die in einer ungerechten, grausamen und lieblosen Welt leben.

Aber es gibt auch eine andere Art, die Welt zu betrachten, zu der wir gelangen können, wenn wir lernen, unsere Wahrnehmung umzulenken. Unsere Wahrnehmungen sind nicht durch das bestimmt, was außerhalb von uns passiert, sondern durch unser inneres Geschehen, durch das, was wir denken und glauben.

Wir haben fast alle in unseren Beziehungen Zeiten erlebt, in denen mehr Chaos und Verzweiflung herrschten, als wir glaubten, ertragen zu können. Und dann, ohne daß sich an

den äußeren Umständen etwas geändert hätte, stellten wir
auf einmal fest, daß wir etwas leichter atmeten und innerlich zufriedener wurden. Unser Gefühlszustand und die
Welt, die wir sahen, hatten sich jedoch nicht durch äußere
Umstände verändert. Es waren lediglich unsere eigenen Gedanken und Einstellungen, die gewechselt hatten. Als unsere innere Welt sich veränderte, begannen wir auch die
äußere Welt mit anderen Augen zu sehen und fanden sie mit
Sicherheit verändert.

Eines der größten Geschenke, das uns im Leben gemacht
wurde, ist wahrscheinlich die Fähigkeit, uns für unsere Gedanken und Überzeugungen entscheiden zu können. Es
steht uns wirklich frei, uns von einer Welt zu befreien, die
auf den selbst auferlegten Fesseln der Angst beruht.

Wir können beschließen, an eine illusionäre Welt voller
Angst, Haß, Konflikt und Krieg zu glauben oder an eine
Welt, die auf immerwährender Liebe gründet. Entscheiden
wir uns für die illusionäre Welt, glauben wir, daß äußere
Umstände die Ursache sind für alles, was wir erleben. Wählen wir dagegen die Welt der Liebe, glauben wir, daß unsere
eigenen Gedanken die Ursache für das sind, was wir sehen
und erfahren.

☐ *Wir können uns in jeder Situation, in der wir uns befin-*
den, ganz gleich, in welcher, für inneren Frieden als
unser einziges Ziel entscheiden. Wir haben immer wie-
der die Wahl, die Welt anders zu sehen. Wenn wir
inneren Frieden wählen, verändert sich unsere Wahr-
nehmung. Wir lassen uns wieder auf den Weg der per-
sönlichen Transformation ein und leisten damit unseren
Beitrag zur Transformation der Welt.

Mein Ego ist wie ein Stachelschwein,
das man nicht umarmen kann.

Beispiel

Die meiste Zeit meines Lebens habe ich gedacht, daß Menschen, die mich (Jerry) davon überzeugen wollten, es gäbe eine andere Sicht der Welt, verrückt wären. Ich war stolz darauf, ein hartgesottener Skeptiker zu sein. Für mich waren nur die physische Welt und meine Interpretation dieser Welt real. Meine Wahrnehmungen bildeten meine einzige Realität, und ich war überzeugt davon, daß die Dinge wirklich so waren, wie ich sie sah und erlebte.

Und stellen Sie sich vor, die meiste Zeit meines Lebens entging mir jede Form von dauerhaftem Glück oder innerem Frieden, und ich war überzeugt davon, daß die Welt nun einmal so war – zumeist grausam und lieblos. Ich hatte das Gefühl, daß die Welt alles tat, um mich herumzustoßen, und ich bemühte mich redlich, meinen Anteil dazu beizutragen und zurückzuschlagen.

Ich war wie ein Stachelschwein, das sich Liebe wünscht

und nicht verstehen kann, warum niemand es umarmen will. Aus meiner Sicht war ich unfähig zu lieben. Ich sah mich nur in einer Welt, in der ich nicht liebenswert war, und so war es mir auch unmöglich, eine positive, liebevolle Beziehung zu leben.

1975 begann ich zu lernen, daß die Welt, wenn ich sie bereitwillig annahm, auch mich akzeptierte. Ich lernte auch allmählich, wie ich die Verantwortung für meine eigenen Gedanken und Gefühle übernehmen konnte, und seitdem habe ich mein Bestes getan, um »zum Sucher auf dem Weg der Liebe« zu werden, statt ständig »auf der Suche nach Fehlern« zu sein. Ich habe angefangen, mich immer wieder für Liebe statt für Angst, für Frieden statt für Konflikte zu entscheiden und anderen keine Vorwürfe mehr zu machen oder mich selbst zu verurteilen.

Es gibt eine andere Sicht der Welt. Wir können beschließen, die Welt mit dem Herzen statt mit dem Kopf wahrzunehmen. Je mehr wir uns in unseren Wahrnehmungen von unserem Herzen leiten lassen, desto mehr können wir akzeptieren, daß unser Lebenssinn darin besteht, zu lieben und zu vergeben, und desto mehr können wir Frieden, Liebe und Glück erfahren.

Wenn ich aufgebracht, frustriert und ärgerlich werde, erinnere ich mich daran, daß es auch eine andere Sicht der Welt gibt, und ich beschließe, meinen momentanen Zorn aus dieser anderen Sicht zu sehen.

Verletzen können mich nur meine eigenen Gedanken und Einstellungen

Nichts und niemand kann uns verletzen,
wenn wir ihm nicht die Macht dazu geben.

Die Ursache bestimmen

Der unangenehme Nachbar, die unfreundliche Verkäuferin, der Busfahrer, der nicht auf uns wartet, unser Geliebter, der uns zurückweist... all diese Menschen scheinen die Quelle von soviel Ärger und Schmerz zu sein. Und trotzdem ist keiner von ihnen die wirkliche Ursache für das Verletztsein, das wir empfinden mögen. Nicht andere Menschen oder äußere Situationen sind es, die unsere Frustration, Angst, Enttäuschung oder Aufregung bewirken, sondern vielmehr unsere eigenen Gedanken und Einstellungen zu diesen Menschen oder Situationen.

Bringt mein berechtigter Ärger mir Frieden?

Wenn wir glauben, daß die Außenwelt die Ursache für all unsere Empfindungen ist, hängen unser Glück und unser innerer Frieden von unserer Fähigkeit ab, andere Menschen so zu verändern, daß sie sich unserem Willen fügen. Laufen die Dinge für uns nicht gut, schauen wir uns nach jemandem um, dem wir Vorwürfe machen können. Wenn uns jemand wütend anschreit, und wir sicher sind, nichts getan zu haben, womit wir diese Behandlung verdienten, können wir glauben, Opfer zu sein. Wir meinen, keine andere Wahl zu haben, als uns verletzt zu fühlen. Das Verhalten anderer Menschen scheint unseren Ärger und auch unsere selbstgerechte Wut hervorzurufen, und wir halten es nicht für möglich, daß wir uns für inneren Frieden und Liebe statt für Ärger entscheiden können.

☐ *Wir wollen uns immer wieder daran erinnern, daß nicht andere Menschen oder äußere Ereignisse die Ursache für unseren inneren Aufruhr sind; verletzen können uns nur unsere eigenen Gedanken und Einstellungen.*

Beispiel

Vor einigen Monaten beriet ich (Diane) mit Jerry zusammen das AIDS-Team im San Francisco General Hospital. Normalerweise ist es sehr schwer, dort einen Parkplatz zu finden, und meistens richte ich es so ein, daß ich eine halbe Stunde früher komme, um einen Parkplatz zu suchen. An diesem Tag jedoch konnte ich mein Auto direkt neben dem Eingang parken.

Die zweistündige Sitzung verlief sehr gut. Wir hatten in der Lektion für diesen Tag betont, daß wir immer wieder die

Wahl haben, uns für Frieden statt für Konflikte zu entscheiden, und nur unsere eigenen Gedanken und Einstellungen
uns verletzen können.

Im Anschluß an die Sitzung ging ich zu meinem Auto und
mußte feststellen, daß ein grüner Wagen neben mir parkte
und mir den Weg verstellte. Ich dachte: »Na gut, der Fahrer
macht wohl gerade ein paar Besorgungen und wird bestimmt in ein, zwei Minuten wegfahren.«

Ich wartete einige Minuten, und aus den Minuten wurde
fast eine Stunde. Ich bekam allmählich Panik. Vielleicht war
der Wagenbesitzer zur Arbeit gegangen und blieb acht Stunden weg!

Ich wurde sehr aufgebracht. Ich mußte in einer halben
Stunde bei einem Treffen am anderen Ende der Stadt sein.
Das würde ich nie schaffen, wenn der Fahrer des grünen
Autos nicht bald auftauchte. Mir fiel auf, daß ich mit jedem
Menschen, der sich dem grünen Wagen näherte, immer
ärgerlicher wurde. Dann erinnerte ich mich daran, wie wir
gerade darüber gesprochen hatten, uns ganz unabhängig
von den Ereignissen in der äußeren Welt für Frieden zu
entscheiden. Und wissen Sie was? Das änderte überhaupt
nichts! Ich war so sicher, daß ich recht hatte und Opfer eines
sehr rücksichtslosen Menschen war. Ich war mir sicher, daß
die meisten Menschen hinter mir stehen und mich in meiner
Überzeugung bestärken würden.

Ich ertappte mich dabei, daß ich wirklich ärgerlich und
empört war, und dachte: »Diane, du benimmst dich dane-
ben!« Ich beschloß, ein paar Minuten dort zu sitzen und
ganz ruhig zu werden. Dann sagte ich mir: »Ich habe keine
Ahnung, was hier eigentlich vorgeht, aber es muß irgend
etwas geben, was ich aus alldem lernen kann!«

Dann fiel mir die Lektion ein, über die Jerry und ich
gerade mit den anderen im Krankenhaus zwei Stunden dis-
kutiert hatten: »Ich kann Frieden statt Konflikt wählen.«

War ich ein Opfer, oder konnte ich mich für Frieden entscheiden? Ich sprach laut aus: »Gut, ich entscheide mich für
Frieden.« Ich wurde ganz ruhig, und tief aus meinem Inneren kam mir die Idee, den nächsten Menschen zu fragen, ob
er etwas über das grüne Auto wisse. Ein Mann kam aus dem
Gebäude, und ich rief ihm zu: »Entschuldigen Sie, wissen
Sie, wem dieser grüne Wagen gehört?«

»O ja«, sagte er. »Gehen Sie einfach um die Ecke zur
Vorderseite des Hauses, dann rechts, durch die Eingangs-
tür, den Flur entlang und dann ins letzte Büro rechts. Dort
wird man ihnen sagen, was mit dem Wagen ist.«

Ich staunte. Ich ging in das Gebäude und fragte im Büro
rechts, ob irgend jemand über den grünen Wagen Bescheid
wisse. Die beiden Büroangestellten antworteten gleichzeitig: »Ja, sicher. Gehen Sie durch den Flur bis zur letzten Tür
rechts, dort kann man Ihnen weiterhelfen.«

Inzwischen war ich wirklich fasziniert und hatte mich
völlig beruhigt. Ich fühlte mich innerlich entspannt. Ich wußte, daß ich keine Ahnung hatte, was da gerade vor sich ging.
Ich betrat das Büro, das man mir beschrieben hatte. Dort saß
eine Frau an einem Schreibtisch, und ein Mann stand neben
ihr. Ich sagte sehr ruhig: »Entschuldigen Sie, aber können Sie
mir sagen, wem das grüne Auto draußen gehört?«

Der Mann, der dort stand, sagte sehr freundlich: »Ja, das
ist mein Wagen.«

Ich entgegnete mit ruhiger, sanfter Stimme: »Hm, Sie
wissen von dem grauen Auto, das vor diesem Gebäude steht
und von Ihrem Auto blockiert wird? Nun, das ist meins.
Hätten Sie vielleicht einen Augenblick Zeit, um Ihr Auto
wegzufahren, damit ich weiterfahren kann?«

Die Frau am Schreibtisch sagte: »Entschuldigen Sie mal,
aber ist Ihnen klar, daß Sie im absoluten Halteverbot stehen, wo parkende Fahrzeuge von der Polizei gebühren-
pflichtig abgeschleppt werden?«

Total schockiert entgegnete ich sehr zaghaft: »Nein, das wußte ich nicht.«

»Und wußten Sie, daß wir die Polizei sind?« fragte der Mann.

Woraufhin ich sagte: »Nein, das wußte ich auch nicht.«

Er schaute mich an und lächelte. »Wissen Sie«, sagte er, »wir haben gerade über die Angelegenheit gesprochen. Wenn der Besitzer oder die Besitzerin des grauen Autos hier schimpfend und tobend angekommen wäre, hätten wir den Wagen abschleppen lassen. Aber Sie kamen so freundlich hier herein, nun, da fahre ich mein Auto gern für Sie weg.«

Als wir zusammen nach draußen zum Parkplatz gingen, erläuterte der Mann: »Normalerweise schleppen wir hier täglich mehrere parkende Autos ab. Zumindest bekommen sie eine gebührenpflichtige Verwarnung. Aber diesmal hat mir innerlich etwas gesagt, ich solle einfach einmal auf den Fahrer des grauen Autos warten. Ich habe es blockiert, um zu sehen, wer das ist. Und ich bin froh, daß ich es getan habe.«

»Sie können sich nicht vorstellen, was mir alles im Kopf herumging«, sagte ich. Und dann erzählte ich ihm die ganze Geschichte. Bevor ich in meinen Wagen stieg, umarmten wir uns, und dann ging jeder wieder seiner Wege. Während ich losfuhr, dachte ich darüber nach, was für eine wunderbare Lektion ich gelernt hatte. Ich war mir so sicher gewesen und felsenfest davon überzeugt, daß ich mit meiner Entrüstung im Recht war. Mir fielen auch weitere Situationen in meinem Leben ein, in denen ich geglaubt hatte, recht zu haben. Dieses Ereignis war ein Hinweis darauf, daß wir die Liebe, die wir suchen, nicht nur in uns, sondern auch in der äußeren Welt finden, wenn wir Frieden statt Konflikt wählen. Jede unserer Beziehungen und Begegnungen ist dann von Liebe geprägt.

Innerer Frieden ist eine Entscheidung.

Wenn ich feststelle, daß ich mich über das Verhalten anderer Menschen ärgere, werde ich mich daran erinnern, daß nur meine eigenen Gedanken und Einstellungen mich verletzen können.

Ich bin entschlossen, alle meine Wahrnehmungen als Spiegelungen meiner eigenen Gedanken zu betrachten

*Wenn das Urteilen aufhört,
kann es zur Heilung kommen.*

Unsere Wahrnehmungen spiegeln unser inneres Selbst

Meistens halten wir an unseren Urteilen über andere fest, als wären sie die absolute Wahrheit und eine unbestrittene Tatsache. Aber haben Sie jemals einen dieser Tage erlebt, an denen scheinbar alles schiefging, alle in Ihrer Umgebung gereizt und ärgerlich waren, und Ihnen plötzlich klar wurde, daß das, was durch andere Menschen oder Dinge ausgelöst zu sein schien, vielmehr mit Ihren eigenen Gedanken und Gefühlen zu tun hatte? Vielleicht waren Sie in diesem kurzen Moment der Erkenntnis in der Lage, Ihre Gefühle zu ändern, und im Bruchteil einer Sekunde schien auch die ganze Welt um Sie herum eine andere zu sein.

Es ist nicht immer leicht einzusehen, daß wir andere Menschen in unserem Leben in Wirklichkeit durch viele Brillen betrachten, und jede trägt die Färbung unserer Erfahrungen und stellt das, was wir vor uns sehen, anders dar.

Wir alle sind sehr gut darin, unerledigte Dinge aus unseren früheren Beziehungen – mit Eltern, Geschwistern, Expartnern und anderen – auf unsere augenblicklichen Beziehungen zu projizieren.

Es ist in Ordnung, gereizt oder ärgerlich zu sein. Diese Gefühle sind menschlich, und es ist wichtig, diese Seite an uns zu achten und unsere Menschlichkeit nicht zu verleugnen. Aber wenn wir entdecken, daß wir unseren Ärger auf uns selbst manchmal auf andere projizieren und abwälzen, können wir anfangen, Verantwortung für unsere Gedanken und Projektionen zu übernehmen. Statt den nutzlosen Versuch zu unternehmen, andere zu ändern, können wir dann anfangen, unsere eigenen selbstverurteilenden Gedanken abzubauen, und das führt zu innerem Frieden.

☐ *Wir können damit beginnen, die Wahrheit anzunehmen, daß alle Menschen geistig miteinander verbunden sind und daß aggressive Gedanken, mit denen wir andere verfolgen, sich in Wirklichkeit gegen uns selbst richten.*

Beispiel

Meine (Dianes) Geschichte mit meiner Mutter ist ein perfektes Beispiel. Meine Mutter und ich sind uns außerordentlich nahe, und eines Tages sagte sie mir, wie sehr sie mich liebe und welch wunderbares Geschenk ihr das Leben durch meine Geburt gemacht habe.

Ich teilte ihr dann mit, daß sie mich wohl deswegen als Geschenk betrachte, weil wir so gut miteinander auskämen, aber daß das größte Geschenk wahrscheinlich ihre ältere Schwester Rose sei, die ihr die meiste Zeit ihres Lebens ein Dorn im Auge gewesen ist. Meine Mutter stammt aus einer

Familie mit sechzehn Kindern. Tante Rose gehörte als eines
der ersten Kinder mit zu denen, die es am besten hatten, und
meine Mutter hatte es mit am schwersten. Ich stellte meiner
Mutter die Frage, die ich mir selbst oft stelle, wenn ich in
meinen Beziehungen Schwierigkeiten habe. Ich fragte: »Was
magst du an Tante Rose am allerwenigsten?« Ich hörte
aufmerksam zu, als sie mir die Eigenschaften beschrieb.

Dann fragte ich sie, was sie an sich selbst am meisten
fürchte oder ablehne. Sie dachte einen Augenblick darüber
nach und sagte dann, über ihre eigene Antwort erstaunt,
das, was sie an ihrer Schwester am wenigsten leiden könne,
sei auch genau das, was sie an sich selbst am meisten fürchte
und ablehne!

Nicht lange nach diesem Erlebnis begannen meine Mutter und Tante Rose, sich zu schreiben. Es entwickelte sich
ein langer Briefwechsel zwischen ihnen, dann folgten Tele-
fongespräche, und schließlich besuchte meine Mutter ihre
Schwester, die sie zweiundzwanzig Jahre nicht gesehen
hatte, auf dem Heimweg von einer Reise in den Osten.

Kürzlich sagte meine Mutter in aller Unschuld zu Jerry
und mir: »Wißt ihr, das ist wirklich faszinierend. Von meinen sämtlichen Brüdern und Geschwistern bin ich Rose jetzt
am nächsten gekommen. Ich habe entdeckt, daß es zwischen uns mehr Ähnlichkeiten gibt als zwischen allen anderen in der Familie. Tatsächlich ist Rose eine meiner besten
Lehrerinnen gewesen und hat mir geholfen, indem sie ein
Spiegel für mich war.«

Nachdem sie das gesagt hatte, teilte sie uns mit, sie habe
erkannt, daß wir ja tatsächlich unsere Intoleranz gegenüber
unserem eigenen Verhalten auf die Menschen projizieren,
mit denen wir in Beziehung stehen. Unsere Abneigung gegen
bestimmte eigene Verhaltensweisen kehrt immer wieder zu
uns zurück und wird auf andere projiziert, die sich ähnlich
verhalten.

An dieser Geschichte über meine Mutter und Tante Rose können wir sehen, daß Menschen uns wirklich ein Geschenk machen, wenn sie uns unsere eigenen Wahrnehmungen widerspiegeln. Wenn wir beschließen, dieses Geschenk anzunehmen, haben wir plötzlich die Möglichkeit, unsere eigenen Wahrnehmungen deutlicher zu sehen. Dann können wir anfangen, Wege zu finden, uns zu vergeben und unsere Wunden zu heilen, und durch dieses Verzeihen finden wir in unserer Beziehung zu uns selbst und zu anderen inneren Frieden.

Heute werde ich meine Sicht von anderen in jeder Situation als Widerspiegelung meiner eigenen Gedanken und Gefühle betrachten. Ich werde andere Menschen nur in der Gegenwart statt als Schatten ihrer oder meiner Vergangenheit wahrnehmen.

Ich habe die Wahl, in jedem Menschen Liebe oder Angst zu sehen

Halte niemanden gefangen,
sondern löse die Fesseln,
denn so wirst auch du frei.

Unser Ego verhält sich ständig wie ein Krieger, immer miß-trauisch und kampflustig, immer auf der Hut und bereit, anzugreifen und sich zu verteidigen. Ist ein Mensch ärger-lich auf uns, möchte unser Ego, daß wir an der Wahrneh-mung festhalten, er greife uns an. Für das Ego stellt das die absolute Wahrheit dar, die auf gar keinen Fall anders gese-hen werden kann. Es überzeugt uns davon, daß unsere einzige logische Reaktion darin bestehe, zurückzuschlagen.

Erstaunlich ist aber, was geschieht, wenn wir uns nur für einen Augenblick daran erinnern, daß wir aufhören kön-nen, der Stimme des Egos zu lauschen. Wir können unsere Wahrnehmung ändern, indem wir beschließen zu sehen, daß der andere ängstlich ist und einen Hilferuf nach Liebe an uns richtet. Wenn wir das tun, können wir spüren, wie sich unser Herz warm und mitfühlend öffnet, statt sich in kalter Wut zu verschließen. Der Grund dafür ist ganz ein-fach: Wir können einem ängstlichen Menschen hilfreich und liebevoll begegnen, aber unsere Menschlichkeit läßt nicht zu, daß wir diese Empfindungen einer Person entge-genbringen, die uns unserer Meinung nach angreift.

☐ *Wenn wir einen Menschen als ängstlich wahrnehmen,*
   den wir vorher als unseren Angreifer gesehen haben,
   geht uns innerlich ein Licht auf, und wir stellen fest, daß
   wir nach Möglichkeiten suchen, Hilfe zu leisten. Wir
   entdecken, daß wir wirklich die Wahl haben, die Welt
   entweder nur als einen Ort von Angriff und Verteidi-
   gung zu sehen oder als Platz, an dem sowohl Liebe wie
   auch Angst existieren.

Beispiel

John erhielt von der Firma, bei der er seit zwanzig Jahren
angestellt war, die Mitteilung, daß man aufgrund von Ra-
tionalisierungen seine Stelle streichen würde.

Als ob das nicht genug wäre, hatte John gerade erfahren,
daß sein kleiner Sohn Krebs habe und wahrscheinlich nur
noch wenige Monate leben würde. In seiner Firma wußte
man das, und es war verständlich, daß John vor Wut raste.
Er konnte nicht glauben, daß die Menschen, für die er in all
den Jahren gearbeitet hatte, sich in Zeiten, wo er am meisten
auf Unterstützung angewiesen war, so lieblos verhielten.
John war von vielen Menschen umgeben, die ihm bestätig-
ten, wie schrecklich gefühllos seine Firma sei.

Plötzlich fand er sich mit seinen achtundvierzig Jahren
auf dem Arbeitsmarkt wieder. Bei Vorstellungsterminen
sprach er oft mit Menschen, die viel jünger waren als er, und
er hatte immer das Gefühl, daß sie ihn negativ beurteilten.
Die müssen doch denken, so glaubte er, daß ein arbeitsloser
Mann in seinem Alter nicht sehr fähig sein konnte.

John rief mich (Jerry) eines Abends an und beschrieb mir
seine Situation. Sein Ärger und Groll zerfraßen ihn völlig.
Obwohl er religiös gewesen war, begann er an der Existenz
eines liebenden Gottes starke Zweifel zu hegen.

Statt den anderen   *kann ich ihn als Menschen*
als Angreifer zu sehen...,   *betrachten,*
                              der einen Hilferuf
                              nach Liebe an mich richtet.

Ich fragte John, wann der Termin für sein nächstes Be-
werbungsgespräch sei. Er erzählte mir, daß er sich am nächsten Tag wieder vorstellen würde. Ich schlug ihm folgendes
vor: »Ihr oberstes Ziel sollte nicht sein, die Stelle zu bekommen.«

Er fragte mich überrascht: »Was meinen Sie damit?«

Ich erwiderte: »Halten Sie einmal einen Moment inne, und ziehen Sie die Möglichkeit in Betracht, daß der Mensch, der Sie interviewt, Angst hat. Vielleicht befürchtet er, gekündigt zu werden, wenn er Sie einstellt und seine Entscheidung sich als falsch erweist. Warum betrachten Sie Ihren Gesprächspartner oder Ihre Gesprächspartnerin also nicht als Menschen, der Angst hat und einen Hilferuf nach Liebe an Sie richtet, statt daß Sie hingehen, um etwas zu ›kriegen‹. Gehen Sie mit der Vorstellung in das Gespräch, etwas zu *geben*, statt etwas zu *bekommen*.«

John hatte starke Zweifel an dem, was ich ihm vorschlug, aber er hielt sich trotzdem daran. Am nächsten Tag rief er mich an und hatte große Neuigkeiten zu berichten: »Ihr Vorschlag hat funktioniert! Ich weiß nicht, ob ich die Stelle kriege, aber ich konnte meinen Gesprächspartner als ängstlichen Menschen sehen und verspürte in meinem Herzen sehr viel Liebe für ihn. Tatsächlich habe ich unser Beisammensein genossen und bin mit einem Gefühl von großem Frieden nach Hause gegangen.«

Sechs Wochen später rief er mich wieder an und hatte wunderbare Neuigkeiten: »Ich habe die Stelle bekommen und verdiene dort mehr als in meinem vorigen Job.«

Nach Johns letztem Anruf dachte ich: »Wie interessant, daß sein Leben sich in dem Moment zu verändern begann, wo er nicht mehr auf sein Ego hörte und anfing, in anderen nicht seine Angreifer zu sehen, sondern ihren Hilferuf nach Liebe zu hören.« John mußte nicht die anderen verändern, sondern lediglich sein eigenes Denken.

Statt in anderen meine Angreifer zu sehen, beschließe ich,
sie als Menschen zu betrachten, die Angst haben und einen
Hilferuf nach Liebe an mich richten.

Ich erkläre inneren Frieden
zu meinem Lebensziel

Wer Frieden schenkt,
wird Frieden ernten.

Viele von uns verzweifeln an den widersprüchlichen Zielen in ihrem Leben. Vielleicht haben wir auch das Gefühl, durch unser Handeln – ganz gleich, was wir tun – noch verzweifelter zu werden.

Widersprüchliche Ziele können auch bewirken, daß wir glauben, die Quelle für unsere Verzweiflung läge außerhalb unseres eigenen Denkens. Die Folge ist, daß wir uns schließlich als Opfer anderer Menschen oder äußerer Umstände fühlen. Der innere Frieden, den wir suchen, scheint uns völlig zu entgleiten, ganz gleich, für welches Ziel wir uns entscheiden. Aber die Wahrheit ist, daß wir uns aus der Opferrolle befreien können, wenn wir inneren Frieden in all unseren Beziehungen zum einzigen Ziel machen. Dieses Ziel ist die stärkste Antriebskraft, die wir in unserem Leben entwickeln können.

Wenn wir uns mit etwas Abstand betrachten, können wir oft sehen, daß Ziele, die uns völlig sinnvoll vorkommen, sich in Wirklichkeit widersprechen. Meistens hängt bei den Zielen, die wir uns setzen, unser innerer Friede davon ab, daß wir andere Menschen verändern. So möchten wir vielleicht, daß unser Freund oder unsere Frau schlanker oder pünktlicher ist, weniger Geld ausgibt, mehr Ehrgeiz zeigt oder uns mehr Aufmerksamkeit schenkt. Wir können unendlich viele Veränderungen für unsere Partner, Verwandten, Freunde und Geschäftskollegen im Sinn haben. Wir wissen nur zu gut, wie es sich anfühlt, wenn sie sich nicht genauso verhalten, wie wir es gern möchten, und nicht das Ziel ansteuern, das wir ihnen setzen. Wir werden ärgerlich, aufgebracht und verlieren unseren inneren Frieden. Vielleicht wenden wir uns gegen unsere Freundin, unseren Mann oder unsere Kollegin und machen ihnen Vorwürfe, weil wir innerlich in Aufruhr sind.

Wenn wir einerseits das Ziel haben, einen Menschen so zu lieben, wie er ist, ihn andererseits aber verändern möchten, geraten wir zwangsläufig in Konflikt. Wir vermitteln die Botschaft: »Ich liebe dich, wenn du dich veränderst und dich so verhältst, daß es meinen Bedürfnissen entgegenkommt.« Das ist natürlich genau das Gegenteil von bedingungsloser Liebe. Wir sagen dem anderen damit, daß wir ihn nicht so lieben können, wie er ist, sondern ihm unsere Liebe nur unter der Bedingung schenken, daß er sich verändert.

Wenn unser Ziel darin besteht, einen anderen Menschen zu verändern, geben wir ihm in Wirklichkeit die Macht, über unseren inneren Frieden zu entscheiden. Ob wir in Frieden leben, hängt dann davon ab, daß andere Menschen sich verändern oder sich genauso verhalten, wie wir es möchten. Unser Erleben ist davon geprägt, ob sie die Bedingungen erfüllen, die wir ihnen stellen, oder nicht. Wenn sie sich nicht ändern, um in unser Bild zu passen, sind wir frustriert und ärgerlich, und wieder einmal ist uns unser innerer Friede abhanden gekommen.

Tauchen in unseren Beziehungen Probleme auf, kommt unser Ego herbeigeeilt und erzählt uns, wir könnten unserer Verzweiflung ein Ende bereiten, wenn wir den anderen kontrollieren, manipulieren und überreden, sich unseren

Vorstellungen entsprechend zu ändern oder unsere Verhal-
tensnormen zu akzeptieren. Wir haben das Gefühl, nur
dann inneren Frieden finden zu können, wenn wir den
anderen dahin bringen, unsere Erwartungen perfekt zu erfüllen.

Haben wir das Gefühl, unser eigener innerer Friede sei
abhängig davon, daß ein anderer Mensch sich verändert,
hilft uns am meisten die Frage: »Was muß ich in diesem
Augenblick tun, um mit diesem Menschen inneren Frieden
und Glück zu finden?« Dabei liegt diesmal die Betonung
darauf, was wir in uns ändern können, und nicht darauf,
wie der andere sich unseres Erachtens zu verändern hat.

Wir entscheiden uns für diese Richtung, indem wir lediglich aufhören, uns davon abhängig zu machen, daß der
andere sich verändert. Wir müssen uns nur immer wieder
sagen, daß unser Seelenfrieden auf unseren eigenen inneren
Prozessen beruht, die nichts mit dem zu tun haben müssen,
was außerhalb von uns geschieht. Ganz gleich, wie die
äußeren Umstände sind, wir können unseren Verstand immer dahingehend trainieren, daß er sich für positive Gedanken entscheidet.

Wenn wir beschließen, daß innerer Friede unser einziges
Ziel sein soll, beschließen wir auch, darauf zu vertrauen,
daß dieser Friede in uns und damit in unserer eigenen
Macht liegt. Wir machen unser Glück nicht mehr vom
Verhalten anderer Menschen abhängig. Wir müssen andere Menschen nicht mehr dazu bringen, unsere »Knöpfe«
zu drücken und damit bei uns Ärger und Frustration auszulösen.

Je mehr wir Menschen um ihrer selbst willen lieben können, statt sie zu bitten, sich nach unseren Wünschen zu
verändern, desto klarer werden wir sehen, daß wir allein
verantwortlich sind für die Gedanken und Gefühle, die wir
in unseren Beziehungen erleben. Wir schaffen uns unseren

eigenen Ärger, unsere Depression und Verwirrung, indem wir uns widersprüchliche Ziele setzen.

☐ *Frieden kommt dann, wenn wir nicht mehr denken, es sei unser Ziel und unsere Pflicht, andere Menschen zu verändern, und wenn wir beschließen, daß innerer Friede unser einziges Ziel sein soll. Wir brauchen lediglich unsere eigenen Gedanken zu ändern, um Frieden erleben zu können.*

Beispiel

Wir haben eine Freundin, die wir Carol nennen wollen und die in New York wohnt. Sie wurde vor einigen Jahren geschieden und lebt seitdem mit ihrer Tochter Sara zusammen. Carol ist über ihren Exmann immer noch sehr verbittert. Sie sprechen kaum miteinander und wenn, streiten sie sich über das Besuchsrecht und über alle möglichen anderen Themen. Obwohl sie zu dem Zeitpunkt, als die folgende Geschichte sich ereignete, bereits seit zwei Jahren geschieden waren, versuchten sie immer noch, sich gegenseitig zu ändern. Sie waren weit davon entfernt, in ihrer Beziehung inneren Frieden zu erleben.

Sara, ihre Tochter, nahm an unserem Projekt »Children as Teachers of Peace« (»Kinder lehren uns Frieden«, Anm. d. Übers.) teil. Die Abschlußfeierlichkeiten für dieses Projekt sollten bei den Vereinten Nationen stattfinden. Carol war sehr stolz auf ihre Tochter, die ihren Teil dazu beitrug, Frieden in die Welt zu bringen.

Als die Vorbereitungen für die Abschlußfeierlichkeiten näher kamen, begann Carol sich damit auseinanderzusetzen, welche Rolle sie dabei spielte, die Konflikte mit ihrem Exmann weiter zu schüren. Wenn ihre kleine Tochter Sara etwas für den Weltfrieden tun konnte, überlegte sie, war es vielleicht für sie selbst Zeit, etwas für den Frieden in der Beziehung zu Saras Vater zu tun.

Carol beschloß, ihren Exmann anzurufen und ihn zu den Vereinten Nationen einzuladen, so daß er Sara bei den Abschlußfeierlichkeiten zuschauen konnte. Sie wußte nicht, wie ihr Exmann reagieren würde. Sie wußte nur, daß ihr einziges Ziel innerer Friede war. Sie wollte nicht auf Vorwürfe antworten und auch in keiner Weise versuchen, ihn zu ändern. Sie würde ihn einfach zu den Feierlichkeiten einladen und sich nicht davon abhängig machen, ob er beschloß zu kommen oder wegzubleiben, ob er ärgerlich über ihren Anruf war oder nicht.

Zu ihrer großen Überraschung schrie ihr Exmann sie nicht an, sondern begann zu weinen, dankte ihr dann sehr sanft für ihre Einladung und sagte ihr, er würde sehr gerne kommen. Er schien sogar bereit zu sein, neben ihr im Zuschauerraum zu sitzen.

Als Sara am nächsten Morgen aufwachte, sagte Carol ihr, daß ihr Vater kommen würde, um bei der Abschlußfeier zuzuschauen. Sara entgegnete: »Oh, schön! Aber schade, daß du dann nicht dabei bist.« Sie konnte sich ihre Eltern nicht zusammen in einem Raum vorstellen, weil sie sich immer so verhielten, als ob sie einander haßten. Also ging sie einfach davon aus, daß ihre Mutter nicht kommen würde, wenn ihr Vater da wäre.

»Aber ich werde auch dasein«, sagte Carol. »Dein Vater und ich werden beide kommen.«

Als Sara das hörte, konte sie es fast nicht glauben. Ihre Eltern hatten seit der Scheidung niemals mehr etwas gemeinsam unternommen.

An jenem Tag sahen wir Carol und ihren Exmann in den Vereinten Nationen, wie sie gemeinsam, mit Tränen in den Augen, Sara bei der Feier zuschauten. Sie saßen Hand in

Hand nebeneinander und genossen friedlich und glücklich diesen Augenblick des Beisammenseins.

Carol zeigte sich selbst und allen anderen an diesem Tag, daß wir wirklich beschließen können, inneren Frieden zu unserem Lebensziel zu machen. Es ist tatsächlich möglich, das Ziel, andere zu ändern und anzuklagen, aufzugeben und unseren inneren Frieden nicht mehr vom Verhalten anderer Menschen abhängig zu machen.

Ich beschließe, jedes Ziel aufzugeben, bei dem mein innerer Friede davon abhängig ist, daß andere sich verändern.

Ich sehe keinen Wert mehr darin, daß ich mir oder anderen Vorwürfe mache

Solange wir uns schuldig fühlen,
hören wir noch auf die Stimme des Egos.

Versuchen Sie sich vorzustellen, wie es wäre, in einer Welt zu leben, in der es so etwas wie Vorwürfe nicht gibt. Wie wäre es, wenn kein Mensch mehr versuchte, Ihnen die Schuld an seinem Kummer zu geben? Können Sie sich vorstellen, völlig frei davon zu sein, anderen Vorwürfe zu machen, weil Sie Sorgen haben?

So eine friedliche Welt ist tatsächlich möglich. Wir fangen an, sie uns zu erschaffen, wenn wir erkennen, daß wir unserem Ego nicht gehorchen müssen, wenn es uns sagt: »Dein Lebenssinn besteht darin, dich zu schützen, indem du über Schuld und Unschuld anderer urteilst. Es ist wichtig, den Fehler bei anderen zu suchen und jemanden zu finden, dem du Vorwürfe machen kannst, wenn etwas für dich schiefläuft.«

☐ *Statt auf das Ego zu hören, können wir uns ins Gedächtnis rufen, daß unser Lebenssinn darin besteht, zu vergeben und zu lieben. Wir erleben Frieden und Liebe, wenn wir Vorwürfen und Schuld keine Bedeutung mehr beimessen, weil wir wissen, daß sie mit Liebe und Frieden nicht gemeinsam existieren können.*

Beispiel

Vor ein paar Jahren wurde ich (Jerry) gebeten, in Los Angeles ein Tagessymposium über die Heilung von inneren Einstellungen zu leiten. Ich fuhr frühmorgens zum Flughafen und kam am späten Abend desselben Tages zurück. Als ich versuchte, mein Auto zu starten, entdeckte ich, daß die Batterie leer war. Ich hatte das Licht angelassen!

Nun, ich erinnere mich lebhaft daran, wie ich mich fühlte, und kann Ihnen sagen, daß alles mögliche in mir vorging, auf keinen Fall aber war ich friedlich. Nach dem langen Tag in Los Angeles war ich müde und glaubte, keinen inneren Frieden zu frieden, bevor ich nicht mein Auto starten konnte und zu Hause im Bett lag.

Mein Ego kam mit Lichtgeschwindigkeit herbeigeeilt, und ich stellte fest, daß ich nach jemandem suchte, dem ich Vorwürfe machen konnte. Aber ich war ganz allein. Ich weiß noch, wie ich dachte: Wenn mich doch nur morgens jemand zum Flughafen begleitet hätte, dann könnte ich alle möglichen Gründe finden, um diesen Menschen zu beschuldigen – zum Beispiel, weil er auf mich eingeredet und mich abgelenkt hatte, so daß ich vergaß, das Licht auszumachen. Aber ich war an jenem Morgen ganz allein gewesen und mußte mich der Tatsache stellen, daß ich niemandem Vorwürfe machen konnte – außer mir selbst.

Da ich niemanden fand, dem ich Vorhaltungen machen konnte, fuhr ich fort, mir selbst dieses »dumme« Verhalten vorzuwerfen, um meinem Ego zu gefallen. Ich machte auch meinem Auto Vorwürfe, und als ich ausstieg, um mir Hilfe zu suchen, trat ich gegen den Vorderreifen, was nichts bewirkte, außer daß ich mir den Zeh stieß. Ich erkannte schnell, wie dumm das war. Also fing ich wieder an, mich selbst zu martern.

Nachdem ich den Pannendienst angerufen hatte, beru-

higte ich mich soweit, daß ich mir mein Verhalten genauer
anschauen konnte. Mit meinem Versuch, bei anderen Menschen oder äußeren Umständen die Ursache für meinen
Ärger zu suchen, war ich ganz sicherlich abhängig von
Schuld und Vorwürfen. Und ich ging keinesfalls liebevoll
mit mir um.

Früher wäre ich wahrscheinlich noch tagelang wütend
auf mich gewesen. Aber diesmal konnte ich mir vergeben
und meinen Ärger auf der Stelle wieder loslassen. Früher
wäre ich zu meinem schlimmsten Feind geworden und hätte
vergessen, daß ich auch zu anderen keine positive, kreative
Beziehung haben kann, wenn ich nicht lerne, mit mir selbst
Freundschaft zu schließen.

Übrigens habe ich seitdem nie wieder das Licht in meinem
Wagen angelassen. Ich nehme an, wenn ich mich nicht bei
meinem alten Spiel von Schuld und Vorwurf ertappt hätte,
hätte ich auch nichts gelernt und würde wahrscheinlich den
gleichen Fehler erneut begehen und meine Batterie immer
wieder leerlaufen lassen.

*Ich beschließe, heute glücklich zu sein, denn ich weiß, ich
kann mich von den Urteilen und Vorwürfen gegen mich und
andere Menschen freimachen.*

Meine Beziehungen haben für mich nur noch den Sinn, Verbundenheit statt Getrenntheit zu fördern

So wie unsere geistige Einheit Heilung bewirkt, macht unsere geistige Getrenntheit uns krank.

Stellen Sie sich vor, in welchen Ort der Liebe und des Friedens die Welt verwandelt werden könnte, wenn wir alle in sämtlichen Beziehungen die Verbundenheit mit anderen zum alleinigen Ziel unserer Kommunikation machten.

Unser Ego möchte, daß wir nur unsere Getrenntheit als Ziel vor Augen haben und uns auf die Unterschiede zwischen uns konzentrieren, um damit die falsche Wahrnehmung zu verstärken, daß wir alle isoliert sind. Das Ego neigt dazu, das Gefühl von Getrenntheit zu übertreiben, indem es die Welt, ihre Bewohner und die Quelle allen Lebens so hinstellt, als seien sie nicht vertrauenswürdig. Es hält sämtliche Beziehungen für potentiell gefährlich.

Verbundenheit bedeutet, daß wir uns selbst in einem anderen Menschen wirklich erkennen und ein Gefühl von Einssein mit ihm empfinden, bei dem unsere Liebe für diesen Menschen ebenso groß ist wie unsere Liebe für uns selbst. Verbundenheit heißt, mit einem anderen einen Weg zu finden, die Welt und alles, was sie enthält, mit gleichen Augen zu betrachten. Das heißt, daß wir ständig danach

Ausschau halten, was wir mit anderen gemeinsam haben, statt uns auf die Unterschiede zu konzentrieren. Verbundenheit ist ein Gefühl, das sich mit Worten kaum beschreiben läßt. Wenn wir Verbundenheit mit anderen erleben, bringt uns diese Erfahrung der Quelle allen Lebens näher.

Ich (Jerry) zum Beispiel habe eine Lücke zwischen meinen Vorderzähnen. Wenn ich einen anderen Menschen mit ähnlichen Zähnen sehe, weise ich gern auf unsere Ähnlichkeit hin und deute an, daß wir demselben Ei entschlüpft sein könnten.

Kinder sind wunderbare Lehrer für das Prinzip der Verbundenheit. Während wir mit den Kindern des Projekts »Children as Teachers of Peace« zusammen gereist sind, ist uns oft aufgefallen, wie leicht es ihnen fällt, Freundschaft mit den Kindern zu schließen, die sie in anderen Ländern besuchen. Sie finden sehr schnell heraus, was sie gemeinsam haben, und neigen dazu, die Unterschiede zu ignorieren. Im Nu spielen sie zusammen und haben ihren Spaß, selbst wenn sie noch nicht einmal die gleiche Sprache sprechen.

Eines Abends kamen einmal zwei Männer in unser Zentrum. Sie schienen wirklich in jeder Hinsicht das genaue Gegenteil voneinander zu sein, was auch ihre Berufe, ihre Bildung, ihre Kleidung, den sozialen Status und anderes mehr einschloß. Äußerlich hatten sie scheinbar absolut nichts gemein – geschweige denn Themen, über die sie miteinander reden konnten.

Wenige Minuten nach Beginn des Gruppentreffens wurde für uns alle jedoch sehr offensichtlich, daß beide Männer ziemlich verängstigt waren, da sie zum erstenmal an einem fremden Ort mit fremden Menschen zusammentrafen. Im Verlauf des Abends fanden sie auch heraus, daß sie beide ein Kind mit einer lebensbedrohenden Krankheit hatten und sich hilflos fühlten, weil sie ihr Kind nicht davor bewahren konnten. Vor unseren Augen wurden diese beiden Fremden schon bald zu liebevollen Freunden, die sich gegenseitig unterstützten und durch ihre gemeinsamen Erfahrungen zu einer tiefen Verbundenheit fanden.

☐ *Verbundenheit bedeutet nicht, daß wir mit allen Menschen oder diese mit uns völlig übereinstimmen müssen. Die Welt wäre sehr langweilig, wenn das der Fall wäre. Verbundenheit heißt aber, daß unsere Herzen zusammenkommen und sich ein Gefühl von Einssein einstellt, wenn wir die spirituelle Wirklichkeit erkennen, an der wir alle teilhaben.*

Beispiel

Bei einem unserer Workshops erzählte uns eine Frau, die als Lehrbeauftragte für Erziehungswissenschaften an einer großen Universität arbeitet, folgende Geschichte, die in unserem Herzen seitdem einen besonderen Platz einnimmt. Sie berichtete, daß sie seit zwei Jahren eine ungeheilte Beziehung zu einem Kollegen in ihrem Fachbereich habe. Sie hätte sich noch so anstrengen können, sie schien einfach nicht imstande zu sein, mit diesem Mann auszukommen. Er war immer kurz angebunden, dominierend, negativ und schlichtweg boshaft zu ihr. Sie versuchte, sein Verhalten zu übersehen. Sie versuchte sogar, »nett« zu ihm zu sein, aber nichts schien zu helfen. Sie war ebenso boshaft zu ihm, wie er zu ihr, aber auch das brachte sie nicht weiter. Schließlich schlossen sie eine Art Waffenstillstand, bei dem beide Parteien sich gegenseitig völlig ignorierten. Wenn sie sich im Flur begegneten, schauten sie beide in die andere Richtung. Nie zuvor hatte sie so etwas erlebt, und sie kam zu dem Schluß, daß sie einfach »einen schlechten Draht« zueinander hatten.

Dann kam ihr eines Tages die Idee, daß es auch eine
andere Qualität dieser Beziehung geben müsse, als ständig
einen ganzen Sack voll Ärger und Groll mit sich herumzu-
tragen. Sie hatte mein Buch *Lieben heißt die Angst verlieren*
gelesen und beschlossen, ihre Einstellung zu ihm zu heilen,
keine Vorwürfe mehr zu machen und den Wunsch aufzugeben, daß ihr Kollege sich ändern möge.

Sie machte es sich zum Ziel, lediglich ihr Denken zu
ändern. Sie wußte, daß sie an ihm nichts ändern mußte, um
sich innerlich entspannt und liebevoll zu fühlen. Sie beschloß, ihm nur Liebe zu schicken, ganz gleich, wie er sich
verhalten mochte, und ihn nicht als Angreifer, sondern als
ängstlichen Menschen zu sehen. Ihr einziges Ziel war, sich
mit ihm von Herz zu Herz zu verbinden, und sie war entschlossen, sich von seinen äußeren Masken in keiner Weise
beeinflussen zu lassen.

Es gab keinen verbalen Austausch zwischen ihnen, aber
sie beschloß, in ihren täglichen Meditationen zu visualisie-
ren, daß ihr Herz ihm – wie sie es nannte – »kleine Liebes-
herzen« schickte. Dann stellte sie sich vor, wie ihn ein
weißes Licht umgab. Dabei sagte sie in Gedanken: »Ich
vergebe dir. Ich vergebe mir. Ich liebe dich. Ich liebe mich.
Ich lasse dich frei, und ich lasse mich frei.« Anschließend
visualisierte sie, wie ihr Kollege immer kleiner wurde und
schließlich in einem Lichtpunkt, einem Liebespunkt, ver-
schwand. Auch wenn sein Verhalten sich nicht änderte,
begann sie, einen Frieden zu empfinden, wie nie zuvor, und
ihr fiel auf, daß sie in seiner Gegenwart energetisch keine
»Spitzen« mehr verteilte.

Etwa einen Monat später, so erzählte sie, fiel ihr »beinahe
der Unterkiefer herunter«, als er sie auf dem Flur anhielt
und ihr mit einem breiten, freundlichen Lächeln im Gesicht
sagte, wie sehr ihm der schöne blaue Pullover gefiele, den sie
trug. Zu ihrem größten Erstaunen schien sich das defensive

Meine Gedanken verändern meine Realität.

und kalte Verhaltensmuster völlig aufzulösen. Eine ganz neue Beziehung entwickelte sich, und sie begannen, äußerst harmonisch an Projekten ihres Fachbereichs zusammenzuarbeiten.

Für sie war dieser Wechsel in beider Beziehung ein Wunder. Es fiel ihr schwer zu verstehen, wie ihre Gefühle füreinander sich geändert hatten. Sie sagte, das einzige, was sie getan habe, sei, sich innerlich auf Verbundenheit statt Getrenntheit auszurichten und sein Verhalten nicht mehr zu interpretieren. Sie hatte nur zu erkennen brauchen, daß nicht der andere, sondern ihr Denken über ihn ihr Leid verursacht hatte. Und als sie beschloß, etwas gegen ihre negativen Gedanken zu unternehmen, entstand in der Beziehung zu ihrem Kollegen eine neue Verbundenheit.

Bei jedem Austausch mit anderen wird für mich heute Verbundenheit mein Ziel sein.

Es gibt keinen Feind – nur den Konflikt in meinem eigenen Denken

*Außer unseren eigenen Gedanken
kann uns nichts verletzen.*

Das Ego möchte uns suggerieren, daß alles, was uns unglücklich macht, außerhalb von uns liegt. Es bekämpft uns ständig. Wenn es nach ihm ginge, dürften wir nicht wissen, daß die Welt, die wir »sehen«, durch unser eigenes Denken geprägt ist. Es möchte, daß wir glauben, unsere Außenwelt sei die »Ursache« für unsere Erfahrungen, und das, was wir erleben, die »Wirkung«. Wir sollen immer außen nach dem Schuldigen suchen, der uns etwas angetan und unser Unglück verursacht hat.

Ist Ihnen jemals aufgefallen, daß Menschen und Situationen, die Sie gewöhnlich stören, Sie an Tagen, an denen Sie im Einklang mit sich selbst sind, nicht mehr zur Verzweiflung bringen? Als Eltern haben Sie vielleicht bemerkt, daß der Lärm Ihrer Kinder Sie an manchen Tagen verrückt machen könnte, während Sie ihn kaum bemerken, wenn Sie entspannt sind. Ihre Kinder können den gleichen Krach machen, das einzige, was sich geändert hat, ist Ihr innerer Zustand.

Es hängt von unserem inneren Zustand ab, wie wir die Welt erleben und wie wir auf sie reagieren. Wenn wir mit uns im Frieden sind, scheinen die Dinge, die uns passieren, keine Ecken und Kanten zu haben. Wir stellen fest, daß wir unsere Energie nicht für negative Zwecke, sondern für die Bewahrung unseres inneren Friedens einsetzen.

Wie die meisten Menschen haben wahrscheinlich auch Sie schon einmal erlebt, daß Sie sich abends beim Schlafengehen nicht entspannt, sondern voller innerer Konflikte gefühlt haben. Vielleicht hatten Sie Schuldgefühle, weil Sie zu spät zur Arbeit oder zu einer Verabredung gekommen waren. Vielleicht haben Sie sich auch mit jemandem gestritten und später erkannt, daß Sie einen Fehler gemacht haben. Oder Sie gingen mit einer mörderischen Wut und Rachegedanken zu Bett, weil Sie glaubten, jemand habe Sie durch sein Verhalten verletzt.

Vielleicht sind Sie am nächsten Morgen ärgerlich und aufgebracht aufgewacht, haben diese Gefühle aber sofort verleugnet. Und dann sagte der erste Mensch, dem Sie an diesem Tag begegneten: »Meine Güte, bist du heute morgen gereizt! Was ist passiert? Bist du mit dem falschen Fuß zuerst aufgestanden?« Und Sie entgegneten: »Nein, mir geht's gut. Du bist es doch, die gereizt ist.«

Später am selben Tag fühlten Sie sich dann innerlich ruhiger, und Ihnen dämmerte allmählich, daß Sie tatsächlich derjenige waren, der ständig gereizt reagierte. Ihr Ego hatte die Gefühle, die aus Ihren eigenen widerstreitenden Gedanken resultierten, einfach auf die andere Person projiziert.

☐ *Wenn wir im Frieden mit uns sind, gibt es in unserem Verstand keinen Kampf zwischen widerstreitenden Gedanken. Sind diese inneren Kämpfe aber voll im Gang, tut unser Ego sein Bestes, sie auf andere Menschen und äußere Situationen zu projizieren. Dann versuchen wir um jeden Preis, bei anderen Fehler zu finden, und meinen, unser Ärger sei berechtigt. In dieser Situation ist es*

*dann leicht, dem Ego zu glauben und zu verleugnen, daß
die Ursache für das, was wir erleben, in unserem eigenen
Denken liegt.*

Beispiel

Nach einem Workshop für die Heilung von Beziehungen,
den wir an der University of California in Santa Barbara
durchführten, brachte uns ein etwa vierzigjähriger Mann
namens Michael zum Flughafen. Auf dem Weg dorthin
erzählte er uns folgende Geschichte:

Michael war in der High-School ein Star im Laufen gewesen und hatte alle möglichen Medaillen gewonnen. Er war
sehr stolz auf seine Leistungen im Laufen, aus denen er seine
ganze Selbstachtung bezog. Er sagte aber, es habe ihm in
seinem Leben mit am meisten Kummer und Leid bereitet,
daß sein Vater niemals zu einem seiner Wettkämpfe kam.
Diese Wunde hatte jahrelang in ihm gebrannt.

Eines Tages kehrte er in seine Heimatstadt zurück, um ein
Klassentreffen der High-School zu besuchen und war überrascht, dort auch seinem alten Trainer zu begegnen. Dieser
fragte Michael, wie es seinem Vater ginge. Michael war
erstaunt und sagte zu seinem Trainer: »Ich wußte gar nicht,
daß Sie meinen Vater überhaupt kennen!«

Sein Trainer wiederum starrte ihn ungläubig an und erwiderte dann: »Aber natürlich kenne ich ihn. Er hat jede
Veranstaltung besucht, an der du teilgenommen hast.«

Michael sagte: »Tut mir leid, Trainer, aber Sie müssen da
etwas durcheinanderbringen. Sie verwechseln ihn mit dem
Vater eines anderen Schülers. Wissen Sie, mein Vater ist
niemals auch nur zu einem einzigen meiner Wettkämpfe
gekommen, und das ist für mich viele Jahre lang ein wunder
Punkt gewesen.«

Der Trainer blieb fest. »Michael«, sagte er, »ich bringe keinesfalls etwas durcheinander. Dein Vater (und er nannte ihn beim Vornamen) war einer deiner ergebensten Fans!«

An jenem Abend besuchte Michael seinen Vater und erzählte ihm von dem Gespräch, das er mit seinem Trainer geführt hatte.

Mit Tränen in den Augen sagte Michaels Vater: »Dein Trainer hat recht, Michael. Weißt du, ich war bei jedem deiner Wettkämpfe. Ich war so unglaublich stolz auf dich. Aber ich stand immer hinter der Tribüne, weil ich dich nicht in Verlegenheit bringen wollte.«

Michaels Vater war als Jugendlicher in die Vereinigten Staaten eingewandert. Er war immer schüchtern und unsicher gewesen, weil er mit einem starken Akzent sprach, und er hatte das Gefühl, ein »Fremder« zu sein, niemals ganz überwunden. Michael hatte bis zu diesem Augenblick nie gewußt, wie gehemmt sein Vater aufgrund dieser Umstände war.

Michael fuhr fort, uns zu erzählen, daß er sich seinen Vater jahrelang zum Feind gemacht habe, weil er glaubte, ihn niemals bei den Wettkämpfen gesehen zu haben. Er sagte, er habe im Workshop erkannt, daß nicht sein Vater der Feind sei, sondern seine eigenen negativen Gedanken.

Michaels Geschichte weist uns darauf hin, daß unsere eigene Wahrnehmung uns niemals das ganze Bild zeigt, und daß das, was wir sehen, darauf beruht, was wir glauben. Viele Beziehungen zwischen Menschen bleiben aufgrund falscher Wahrnehmungen wie der von Michael jahrelang ungeheilt.

Ich werde mich heute daran erinnern, daß mein Ärger auf meinen eigenen widerstreitenden Gedanken beruht. Ich kann beschließen, ihn nicht auf andere Menschen zu projizieren.

Heute beschließe ich,
anderen keine Vorschriften
mehr zu machen

Wenn ich vergebe, heilt die Welt,
und damit heile auch ich.
Möge ich also der Welt vergeben,
damit wir gemeinsam geheilt werden.

Eine der häufigsten Schwierigkeiten in Beziehungen entsteht durch den Glauben des Egos, es wisse am besten, was
andere Menschen tun sollten. Wir wollen ihr Verhalten und
Denken, ja sogar ihr Aussehen beeinflussen. Das arrogante
Ego möchte uns einreden, andere müßten unsere Vorschriften befolgen, weil wir damit ihr Bestes im Sinn haben und
die ganze Welt nach unserer Pfeife tanzen muß.

Manchmal sind wir so von unseren Vorschriften überzeugt, daß wir jeden ablehnen, kritisieren, angreifen oder
uns zum Feind machen, der mit unseren Wünschen nicht
übereinstimmt. Meistens merken wir das noch nicht einmal,
weil es dem Ego so gut gelingt, uns die Wahrheit vorzuenthalten.

Wenn andere unsere Vorschriften nicht befolgen, fangen
wir häufig an, sie als Objekte zu behandeln. Dann sind
unsere Beziehungen bald völlig gefühllos, und schließlich
kommunizieren wir mit dem Kopf statt mit dem Herzen.

Beispiel

Meine (Jerrys) Mutter ist siebenundneunzig Jahre alt geworden, und sie war für mich bis zum Schluß eine der wichtigsten Lehrerinnen. Ihre letzten Jahre verbrachte sie in einem Altersheim, und es gab eine Zeit, da gelang es ihr, allen, die sie besuchten, Schuldgefühle zu machen. Ganz gleich, wieviel Zeit man mit ihr verbrachte, es war nie genug. Nach einer Weile stellten die meisten ihrer Freunde und Verwandten die Besuche bei ihr ein.

Wenn wir zu ihr fuhren, endeten unsere Besuche häufig damit, daß wir von ihren Klagen und ihrer Unzufriedenheit völlig erschlagen waren, auch wenn wir uns bei unserer Ankunft ganz locker gefühlt hatten. Es gab eine Seite in uns, die wollte aus ihr eine friedliche, kleine alte Dame machen, und meine Mutter war entschlossen, sich dieser Vorschrift nicht zu beugen.

Eines Tages, als wir unmittelbar vor einem Besuch bei meiner Mutter meditierten, wurde Diane und mir klar, daß wir sowohl versuchten, meiner Mutter zu gefallen, als auch sie zu verändern. Das hatte mit bedingungsloser Liebe nichts zu tun. Wir hatten versucht, meiner Mutter Vorschriften zu machen, die so aussahen, daß sie in ihren letzten Jahren glücklich sein sollte, und außerdem wollten wir ihr unbedingt gefallen. Wir erinnerten uns daran, daß bedingungslose Liebe heißt, Menschen so anzunehmen, wie sie sind. In bezug auf meine Mutter hieß das zu akzeptieren, daß sie sich entschieden hatte zu leiden.

Diane und ich beschlossen, unsere Vorschriften für meine Mutter aufzugeben und statt dessen unseren inneren Frieden zum einzigen Ziel in unserer Beziehung mit ihr zu machen. Wir würden unseren inneren Frieden nicht mehr vom Verhalten meiner Mutter abhängig machen, das sich auch tatsächlich nicht veränderte. Aber wir fühlten uns

Heute beschließe ich, meine Vorschriften für andere aufzu-
geben und alle Menschen so zu akzeptieren, wie sie sind.

nach unseren Besuchen bei ihr jetzt entspannt und voller
Energie.

Schon bald nachdem wir mit dem Versuch aufhörten,
meiner Mutter Vorschriften zu machen, geschah etwas Er-
staunliches. Sie bat mich um die von mir verfaßten Bücher
und Kassetten. Das war neu. Früher hatte sie es abgelehnt,
sich überhaupt damit zu beschäftigen. Sie bestellte nun
sogar mehrere Exemplare meiner Bücher und Kassetten,
damit auch andere Menschen im Altersheim in ihren Genuß
kamen. Im Verlauf dieser Ereignisse heilte sie auch ihre
Beziehung zur Oberschwester. Ihre Klagen verschwanden,

und sie begann, sich während unserer Besuche liebevoll, zärtlich und dankbar zu zeigen.

Ist es nicht faszinierend, daß unsere Beziehungen sehr viel liebevoller und offener werden und es zu unvorhergesehenen, heilsamen Veränderungen kommt, wenn wir aufhören, an andere Menschen Erwartungen zu stellen?

Ab heute werde ich den Wunsch aufgeben, daß andere Menschen meine Vorschriften befolgen sollen. Ich werde mir immer wieder sagen, daß ich mir und den Menschen in meinem Leben erlaube, bedingungslose Liebe zu erfahren, wenn ich sie so akzeptiere, wie sie sind.

Lektion 10

Heute vergebe ich
meinen Eltern von ganzem Herzen
und entlasse uns alle
aus der Vergangenheit

Wenn ich vergebe,
kann ich meine Unschuld erkennen.

Viele von uns haben in ihrer Kindheit Erfahrungen gemacht, die in uns den Wunsch wachriefen, von unseren
Eltern liebevoller behandelt zu werden. Und einige von uns
haben noch Narben von traumatischen Erlebnissen, die uns
weiterhin innerlich aufwühlen und tiefen Groll entfachen.
Diese Ereignisse mögen uns so unverzeihlich vorkommen,
daß das Ego versucht, uns einzureden, wir müßten für immer an unserem Groll und unserem Schmerz festhalten.

Ist das ängstliche Kind in uns auch während unserer
Erwachsenenjahre noch lebendig, fällt es uns sehr schwer,
in liebevollen Beziehungen zu leben. Der Schmerz aus unserer Kindheit wird zum Stacheldrahtzaun, der andere abhält,
sich unserem Herzen zu nähern. Und hinter diesem Zaun
durchfluten noch Ströme von Mißtrauen unser Denken,
und sie machen es uns sehr schwer, unser Herz für andere zu
öffnen. Oft drängt die Stimme unseres Egos sich vor und
posaunt seine Warnungen aus, damit wir daran denken, nur
ja nicht zu verzeihen und uns an seine Weisungen zu halten,
damit wir niemals wieder verletzt werden können.

Viele Menschen haben schlimme Erfahrungen gemacht, haben Inzest, körperlichen und seelischen Mißbrauch erlebt, sind verlassen und abgelehnt worden. Gewiß kann man solche Erlebnisse schnell als unverzeihlich einstufen und an dem Schmerz, den sie in uns ausgelöst haben, ewig festhalten. Das Ego möchte uns in dem falschen Glauben wiegen, wir würden zulassen, daß diese Ereignisse sich wiederholen, wenn wir sie tatsächlich verzeihen.

Manchmal sind schmerzliche Kindheitserfahrungen fest in unserem Denken verankert, und der alte Schmerz tobt unvermindert in uns weiter, ohne von unserem bewußten Denken erfaßt zu werden. Das ängstliche Kind, das wahrscheinlich in jedem von uns lebt, braucht unsere Zuwendung und Fürsorge, ob wir seine Stimme nun deutlich vernehmen oder nicht. Ein Teil dieser Zuwendung kann darin bestehen, daß wir beschließen, uns Zugang zu den verborgenen Erinnerungen zu verschaffen und die damit verbundenen Emotionen und Schmerzen zu verarbeiten.

Wir wollen damit sagen, daß es wichtig ist, unsere menschlichen Emotionen wie Ärger, Entsetzen und Hilflosigkeit zu achten. Wir können uns von diesen schmerzlichen Erfahrungen nicht befreien, wenn wir sie unterdrücken oder unseren Ärger auf andere abwälzen.

Manchmal kann es uns helfen, wenn wir uns mit den Menschen, die uns früher einmal verletzt haben, in Gedanken unterhalten. Zu anderen Zeiten kommen wir vielleicht weiter, wenn wir aufschreiben, was wir fühlen, und den Zettel dann zerreißen oder verbrennen, womit wir uns unseren Schmerz eingestehen, ihn gleichzeitig aber auch loslassen. Wir können uns auch durch eine Beratung unterstützen lassen. Es ist keinesfalls nötig, daß der Mensch, der uns verletzt hat, anwesend ist, damit unsere alten Wunden heilen können. Wir müssen uns nur unserer eigenen Wahrnehmung und unserem inneren Kind heilend zuwenden.

Es ist wichtig zu entscheiden, wie wir mit unseren alten Gefühlen von Ärger, Angst und Hilflosigkeit umgehen wollen. Wollen wir wirklich zulassen, daß sie sich erneut in unserem Denken festsetzen, wo sie fortfahren können, ihre wütenden Lieder zu singen und ihre wütenden Tänze aufzuführen? Oder möchten wir den weisen inneren Lehrer um Hilfe fragen, den jeder von uns in seinem Herzen trägt? Wenn wir schließlich bereit sind zu verzeihen, um unseren Schmerz einer höheren Macht zu übergeben, verlassen wir das dunkle Tal und finden wieder zum Licht.

Wir kennen eine Frau, deren Vater versuchte, sie zu verführen, als sie dreizehn Jahre alt war. Ihr Vater warnte sie, niemals mit ihrer Mutter darüber zu sprechen, aber das Mädchen tat es trotzdem. Kurz darauf verließ der Vater die Familie, und ihre Eltern wurden geschieden. Das kleine Mädchen gab sich die Schuld an der Scheidung und glaubte, die Ursache läge darin, daß es seiner Mutter vom Verhalten des Vaters erzählt hatte. Lange Zeit war es nicht imstande, den Schmerz über dieses Erlebnis und seine Schuldgefühle wegen der »Trennung« seiner Eltern zu verarbeiten.

Sie war über dreißig, als sie ihre Mutter aufsuchte, um mit ihr über diese Erfahrungen und die Auswirkungen auf ihr Leben zu sprechen. Ihre Mutter erzählte ihr, daß auch der Vater im Alter von dreizehn Jahren sexuell von einer älteren Frau belästigt worden sei. Plötzlich sah diese Frau, die von ihrem Vater sexuell bedrängt worden war, ihn nicht mehr als »sexuell perversen Menschen«, denn das war bislang ihre Sicht von ihm gewesen. Jetzt betrachtete sie ihn als ein überaus ängstliches und verwirrtes Kind, das in einem erwachsenen Körper wohnt.

Mit diesem neuen Verständnis konnte sie sich so verhalten, wie sie es sich im Traum nicht hätte vorstellen können. Sie räumte ihre Denkbarrieren beiseite und vergab ihrem Vater. Das heißt nicht, daß sie ihm nachsah, was er getan hatte: im Gegenteil. Aber sie konnte den Ärger und den Schmerz, den sie empfand, loslassen und sich schließlich davon freimachen. Sie hatte ihren Vater seit vielen Jahren nicht gesehen, aber sie machte ihn ausfindig, schrieb ihm und besuchte ihn auch später. Als sie ihn sah, war er für sie nicht mehr ein schreckliches Wesen, sondern sie fand statt dessen ein ängstliches Kind in ihrem Vater. Die Beziehung wurde geheilt, und jetzt besuchen die beiden sich regelmäßig.

☐ *Wir glauben, daß wir alle als Menschen wirklich unser Bestes und Möglichstes geben. Hätten wir die gleichen Kindheitserfahrungen gemacht wie unsere Eltern und wären so behandelt worden, wie ihre Eltern sie behandelten, hätten wir sehr wohl die gleichen Fehler machen können, die wir ihnen nur so schwer verzeihen können. Vielen Menschen fällt es viel leichter zu vergeben, wenn sie die Bedeutung dieser Aussage wirklich begreifen.*

Beispiel

An der Heilung einer kranken Beziehung müssen nicht unbedingt beide Partner mitwirken. Eine Beziehung kann auch dann geheilt werden, wenn einer der beiden sich am anderen Ende der Welt befindet oder schon gestorben ist. Das habe ich (Diane) selbst erfahren und möchte Ihnen diese Geschichte gern erzählen.

Mein Vater starb, als ich neunzehn Jahre alt war. Unsere Beziehung war nicht geheilt, aber erst viele Jahre nach seinem Tod erkannte ich, wie krank unser Verhältnis wirklich gewesen war. Als ich das zum erstenmal begriff, wurde ich ganz mutlos, weil ich glaubte, mit dem Tod meines Vaters sei jede Möglichkeit ausgeschlossen, an unserer Beziehung etwas zu ändern.

Als ich mir meine Kindheit anschaute, erkannte ich, daß meine Gefühle für meinen Vater immer von einem merkwürdigen Stillschweigen umgeben waren. Ich spürte, daß ich seinen Tod verarbeitet hatte und ihn gehen lassen konnte, und trotzdem fehlte mir innerlich etwas. Es war, als sei ein Teil meines Herzens verschlossen. Und mir war klar, daß der Schlüssel zu diesem Teil in der ungeheilten Beziehung zwischen meinem Vater und mir lag. Wie konnte ich also an diesen Schlüssel gelangen und mein Herz öffnen, wenn es um jemanden ging, der nicht mehr hier war?

Ich nahm mir viel Zeit, mich an meine Kindheit zu erinnern. Als ich klein war, gab es in unserer Familie viel körperliche Gewalt. Die Begegnungen der einzelnen Familienmitglieder verliefen oft alles andere als friedlich. Weil ich die Jüngste war, traf mich der Zorn meines Vaters nicht direkt, aber ich lebte in ständiger Angst davor, daß er wütend explodierte.

In mir hatte sich enorm viel Ärger und Groll aufgestaut, aber äußerlich war ich sehr ruhig und verbarg mein Innenleben gut, denn es hatte niemals einen sicheren Rahmen gegeben, in dem ich meine Gefühle hätte ausdrücken können. Als ich älter wurde, erkannte ich, daß ich damit der bedingungslosen Liebe in meinem Herzen den Weg versperrte und mich daran hinderte, die Liebe für die Menschen in meinem Leben fließen zu lassen. Ich versuchte alles mögliche, um diese Liebe freizusetzen.

Wie viele Kinder, die in einer solchen Umgebung aufgewachsen sind, wanderte auch ich in den Kopf, in den Intellekt, um dem Schmerz in meinem Herzen zu entfliehen. Vom Kopf her war ich sicher, alles, was in meiner Kindheit geschehen war, zu verstehen. Ich hätte meinen Doktor in Familiensoziologie machen können. Aber trotz dieses ganzen Faktenwissens ging es mir immer noch nicht gut. So fühlt man sich, wenn man im Kopf etwas begriffen hat, ohne es im Herzen spüren zu können.

Ich erinnere mich noch an eine Situation, als Jerry die ersten Ideen für sein Buch *Die Kunst zu vergeben* sammelte und alle Menschen in seiner Umgebung fragte: »Was macht dir in deinem Leben immer noch Schuldgefühle?« Als er mich fragte, war ich schockiert über meine Antwort. Ich sagte, am meisten schuldig fühle ich mich, weil ich mir wünsche, mein Vater wäre ein anderer Mensch gewesen als der, der er war. Ich hatte ihn so haben wollen wie den Vater meiner Freundin Christine, die nebenan wohnte und deren Vater sehr sanft und ruhig war.

Kurze Zeit später sprach ich abends vor dem Schlafengehen laut aus, ich wisse ganz sicher, daß ich die Beziehung zu meinem Vater nicht allein heilen könne. Ich hatte alles getan, was mir vom Verstand her möglich war, aber irgend etwas fehlte. Es war, als hätte ich die Eins, Zwei, Drei und Fünf zusammen, aber die Vier fehlte, und sie war nirgendwo auf der Welt zu finden.

Ich weiß noch, daß ich meine Hände öffnete, hochhob und zum Schöpfer sagte: »Ich kann das nicht allein. Ich bitte dich um Hilfe. Ich weiß, daß du mein vollkommenes Glück im Sinn hast. Ich weiß, du möchtest, daß ich glücklich und ganz bin, so daß ich deine Liebe empfangen und sie an andere weitergeben kann. Vielleicht hast du mir früher schon viele Male gesagt, wie ich das tun kann, und ich habe dir nicht zugehört. Aber jetzt höre ich dir zu und werde alles tun, was du mir sagst. Diesmal höre ich auf dich.« Und mit diesem Gedanken ging ich schlafen.

In jener Nacht wachte ich schluchzend auf. Wenn ein Mensch aufwächst wie ich, weint er nicht viel. Weinen gehörte einfach nicht zu meinen Verhaltensmustern. Es war also sehr ungewöhnlich für mich, weinend aufzuwachen. Ich glaubte, im wahrsten Sinne des Wortes in einem Meer von Tränen zu ertrinken, und ich dachte ständig: »Vati, wenn ich dich doch nur noch einmal sprechen könnte!«

Dieser Gedanke wollte einfach nicht verschwinden. Ich mußte immer noch weinen. Schließlich stand ich auf, um zu schreiben, wobei die Worte einfach nur so aus mir heraus- flossen, während ich schluchzend dasaß. Als ich fertig war, schaute ich mir an, was ich geschrieben hatte, und erkannte, daß es ein Gebet der Vergebung war, Ausdruck eines totalen Loslassens und eines totalen Einswerdens.

Wie viele von uns haben schon einmal den Wunsch nach einem anderen Vater oder einer anderen Mutter gehabt? Genau das hatte mir weh getan. Ich hatte meinen Vater anders haben wollen; er sollte ein anderer Mensch sein als der, der er war. Auf irgendeine Weise fand ich durch mein Schreiben den Weg im Herzen, diesen Wunsch aufzugeben und meinen Vater völlig sich selbst sein zu lassen. Ich vergab mir die Gedanken und Urteile, die ich ihm übergestülpt hatte, und vergab auch mir selbst. Mein Vater mußte sich nicht im geringsten ändern, damit ich glücklich sein konnte.

Ich möchte mein Gedicht über meinen Vater und mich an dieser Stelle weitergeben an Sie, die Sie Ihre Beziehung zu Vater oder Mutter vielleicht noch nicht geheilt haben. Ein bißchen klingt es wie eine Glückwunschkarte zum Vatertag, es heißt: »Vater, könnte ich doch mit dir gehen.«

Vater, könnte ich doch mit dir gehn,
heimlich stehlen wir uns einen Augenblick,
und ich spüre deinen Schritt
und geh' ganz beruhigt mit.

Schon geht dieser Tag zur Neige,
und die milde Sonne sinkt nun,
müde bist du von der Arbeit,
und hast noch so viel zu tun.

Deine Freuden waren klein,
und sie kamen mir so wertlos vor,
doch wenn ich mein Leben wirklich begreife,
bringen sie auch mir Freiheit ein.

Deine Blumen, ihre Gärten,
aus harter Erde gabst du ihnen Leben,
Deine Vögel, ihre Schwingen,
Gottes lebendiges Singen.

Wir sprachen so wenige Worte
und hatten uns noch weniger zu sagen.
Könnte ich doch mit dir gehen, Vater,
dann würde mein Herz dir zutragen:

Nie verstand ich deinen Ärger,
deine Frustration und deine Schmerzen,
aber so verwirrend all das war,
es hat mich nur reicher gemacht im Herzen.

Denn du hast mich gezwungen,
den Sinn des Lebens
in meinem Inneren zu suchen und zu finden,
den Sinn von Liebe und von Zeit.

Du hast mich gelehrt ohne Lehren
und mir aus deinem Inneren heraus
den Sinn dieser Reise vermittelt,
auch wenn du niemals wußtest, warum.

Du warst mein Gärtner, mein Beschützer,
du warst mein Lehrer ohne Normen,
mit deinem Herzen und deinen Händen
hast du geholfen, meinen Geist zu formen.

In meinem zarten Kokongespinn
geschützt vor Zwist und Streit,
lauschte ich von innen
dem Lebenssinn.

So schenke ich dir heute nacht,
wo wir zusammen gehen, Vater,
mein Herz, unsere Verbindung,
die mich niemals wieder traurig macht.

Die Vergangenheit ist tot,
denn ich habe sie begraben,
und wir wissen heute beide,
daß wir unser Bestes gaben.

Und von diesem Höhenflug,
diesem Gipfel meines Denkens,
gebe ich dir winkend Geleit
bei deiner Reise durch die Zeit.

Deine Familie mögest du finden,
eingetaucht in Licht,
mögen Liebe, Frieden und Vergebung,
auf immer begleiten dich.

Als ich das Gedicht am nächsten Morgen las, interessanter-
weise schrieb ich es in der Nacht seines siebzigsten Geburts-
tags, fühlte ich mich unglaublich erleichtert. Es war mir sehr
klar, daß alle Ereignisse zwischen mir und meinem Vater in
sich vollkommen waren. Mit dem Gedicht drückte ich aus,
schließlich doch annehmen zu können, daß alles, was wir
gemeinsam erlebt hatten, für mich eine Chance zum Lernen
und Wachsen gewesen war – wenn ich beschloß, es so zu
sehen. Als ich schließlich die Verantwortung übernehmen

und sehen konnte, daß wir unsere Beziehung gemeinsam geschaffen hatten, erkannte ich, daß ich weder ein Opfer der Welt noch ein Opfer dieser Beziehung war. Ich sah, daß ich auf keinen Fall meine augenblickliche Arbeit hätte tun können, wenn ich die Beziehung zu meinem Vater nicht erlebt hätte. Ich bin also für die Erfahrung, die wir gemeinsam machten, auf ewig dankbar.

Es gibt noch etwas über diese Beziehung, was ich Ihnen abschließend mitteilen möchte. Nachdem ich die Brücke der Vergebung überschritten habe, kann ich bei meiner Arbeit jetzt spüren, daß mein Vater immer gegenwärtig ist. Ich fühle, daß seine Liebe mich leitet, und weiß, daß er einer meiner großartigsten Lehrer war. Vor dem Hintergrund dieser Erfahrung kann ich anderen sagen, daß wir eine Beziehung selbständig heilen können.

Die Liebe, die wir geben, wird auf irgendeiner Ebene des Bewußtseins immer empfangen. Nur unser Ego sagt uns ständig, der andere müsse auf eine bestimmte Weise reagieren, damit die Beziehung geheilt werde. Es reicht aber, wenn nur einer die nötigen Schritte unternimmt, und Sie haben es in der Hand, jede Beziehung in Ihrem Leben zu heilen. Eine Beziehung zu heilen, ist eine individuelle Entscheidung, die jeder von uns immer wieder neu treffen kann.

Heute schicke ich meinen Eltern Liebe und Vergebung, ganz gleich, ob sie noch am Leben sind oder nicht. Ich werde mich daran erinnern, daß Vergebung uns alle von der Vergangenheit befreit.

Lektion 11

Heute werde ich
meine Mitgliedschaft im Klub
der Wartenden kündigen

*Zweifel kommen auf, wenn unsere
Wünsche widersprüchlich sind.
Seien Sie klar in dem, was Sie wollen –
dann sind Zweifel unmöglich.*

Wenn wir daran glauben, daß dieser Augenblick die einzige Zeit ist, die wirklich existiert, wird uns sehr viel klarer, wie wichtig es ist, uns dafür zu entscheiden, hier und jetzt – und nicht später – glücklich zu sein. Unser Ego jedoch drängt uns, an der Vergangenheit festzuhalten oder uns vor der Zukunft zu fürchten. Es erzählt uns ständig: »Mit dieser Entscheidung kannst du doch sicher noch bis morgen warten.« Oder: »Ich möchte, daß du dich daran erinnerst, wie dieser Mensch dich verletzt hat. Das wird er auch wieder tun, wenn du ihm vergibst. Er hat deinen Ärger verdient. Und wenn du wirklich darauf bestehst, ihm zu vergeben, dann warte wenigstens etwas ab, zumindest bis morgen.«

Wenn wir beschließen, mit dem Vergeben zu warten, beschließen wir auch, unglücklich zu sein. Immer wenn wir etwas aufschieben, entscheiden wir uns für unser Unglück. Unser Festhalten an nachtragenden Gedanken und alten Klagen kommt dem Entschluß gleich, innere Konflikte fortzusetzen und Angst statt Liebe, Unglück statt Glück zu wählen.

Wir werden so lange unglücklich bleiben, wie wir an dem Entschluß festhalten, nicht zu vergeben.

Vor vielen Jahren war ich (Jerry) Schiffsarzt für eine Kreuzfahrtlinie. Das Schiff, auf dem ich arbeitete, hatte von der Mannschaft den Spitznamen »Schiff für Jungverheiratete und Scheintote« erhalten. Als Schiffsarzt bekam ich viele ältere Passagiere zu Gesicht, die den größten Teil ihrer Jugend geopfert und auf ihre Rentenjahre gewartet hatten, um zu reisen und ihr Leben zu genießen. Ihre Lebenseinstellung war, darauf zu warten, daß sie später einmal genießen und glücklich sein konnten. Das Problem dabei war, daß bei den meisten dieser Paare einer von beiden krank oder körperlich behindert war und sie damit diese entspannte Zeit, die sie auf den letzten Abschnitt ihres Lebens verschoben hatten, nicht voll genießen konnten.

☐ *Die Zeit, glücklich und froh zu sein, ist immer jetzt und kann nicht auf später verschoben werden. Vergeben ist der Schlüssel zu unserem Glück und ein wichtiger Beitrag zu unserer Entscheidung, jeden Tag unseres Lebens voller Freude zu verbringen. Solange wir die Entscheidung aufschieben, den Menschen, die uns verletzt haben, völlig zu vergeben, werden wir weiterhin unglücklich sein.*

Beispiel

Wir hatten einen Freund namens Rafael Soriano, einen berühmten Architekten, den wir sehr bewunderten. Er ist kürzlich im Alter von über siebzig Jahren gestorben. Er war im Herzen ein Kind, das in jedem Augenblick des Tages jung und lebendig blieb. Er kostete jede Sekunde des Tages hundertprozentig aus, um glücklich zu sein und allen Menschen, die in sein Leben traten, liebevoll zu begegnen. Er war ein netter und freundlicher Mann, der glaubte, eine seiner Missionen im Leben bestünde darin, jedem, den er traf, ein Lächeln abzugewinnen.

Er liebte seinen Garten über alles und reichte jedem Mann, jeder Frau und jedem Kind, die vorübergingen, eine schöne Blume, als sei jeder von ihnen die wichtigste, schönste und liebenswerteste Person der Welt. Rafael vermittelte jedem das Gefühl, einfach wunderbar und absolut liebenswert zu sein. Er war immer am Lächeln und Singen.

Er war entschlossen, nicht zuzulassen, daß das Leben an ihm vorbeiging. So weit wir sehen konnten, entschied er sich aktiv, in jeder Sekunde des Tages total glücklich, voller Humor und Lebensfreude zu sein. Rafael hatte die Macht des Vergebens und der Liebe so gut wie kein anderer begriffen, den wir kannten. Es war, als hätte er beschlossen, niemals im Leben etwas aufzuschieben und immer allen Kummer sofort loszulassen. Er war ein wunderbarer Lehrer für alle, die das Glück hatten, ihn kennenzulernen.

Heute beschließe ich, glücklich zu leben, zu vergeben und zu lieben, statt König oder Königin im Klub der Wartenden zu sein.

Wenn ich anderen helfe,
heile ich mich selbst

*Wenn wir die Bedürfnisse unserer
Brüder und Schwestern interpretieren, sprechen wir
in Wirklichkeit davon, was wir selbst brauchen.
Hilfe geben heißt, um Hilfe bitten.*

Das Glaubenssystem der Liebe beruht darauf, daß wir in sämtlichen Beziehungen den Geschicken des anderen das gleiche Interesse entgegenbringen wie unserem eigenen Leben. Wir sind beide zutiefst davon überzeugt, daß wir Gipfelerlebnisse erfahren können, bei denen wir Freude, Liebe und inneren Frieden in ihrer höchsten und reinsten Form empfinden, wenn wir mit einem anderen Menschen Kontakt aufnehmen und ihm helfen. Diese Erlebnisse sind es, die uns selbst die größte Heilung bringen.

Rufen wir uns ins Gedächtnis, daß *Heilung* sich in diesem Buch auf den Geist, nicht auf den Körper bezieht. Innerer Friede, unsere tiefste Erfahrung bei dieser Heilung, tritt in dem Augenblick ein, wo wir uns anderen zuwenden, um ihnen zu helfen, statt uns ständig nur mit unseren eigenen Problemen zu beschäftigen.

Wenn wir lernen, uns auf Lösungen statt auf unsere eigenen Probleme zu konzentrieren, entdecken wir, daß die Antwort auf unsere Fragen, wie immer sie aussehen mögen, darin besteht, daß wir Liebe geben. Wenn Sie Ihre Hand ausstrecken, um einem anderen Menschen zu helfen, befinden Sie sich auf dem direkten Weg zu innerem Frieden und können alle negativen Gedanken auflösen.

Sie erleichtern es sich, anderen zu helfen, wenn Sie sich ständig vor Augen halten, daß Sie jedem Menschen, mit dem Sie im Augenblick zusammen sind, eine Hilfe sein möchten. Das heißt, Sie stellen sich mit jedem Atemzug bewußt die Frage: »Wie kann ich anderen dienen?«

Das Glaubenssystem des Herzens beruht auf bedingungsloser Liebe und dem Bewußtsein, daß wir alle Erdenbürger sind, die den leidenschaftlichen Wunsch hegen, helfend und liebevoll umzugehen, ganz gleich, in welchem Teil der Welt wir leben.

Während wir dies schreiben, gibt es auf der ganzen Welt fast sechzig autonom arbeitende Zentren für die Heilung von inneren Einstellungen, deren Mitarbeiter vor allem aus freiwilligen Helfern bestehen. In diesen Zentren sind wir Menschen begegnet, die aufgrund von Krebs schwere körperliche Schmerzen hatten; Menschen, die seelisch litten, weil sie in Scheidung lebten oder einen geliebten Menschen durch den Tod verloren hatten, und auch Menschen, die zutiefst deprimiert waren, weil sie bankrott gemacht hatten oder arbeitslos waren. Und wir haben gesehen, wie sich trotzdem ihre Stimmung total hob, wenn sie ihre ganze Energie aufbrachten, um anderen zu helfen oder ihnen beizustehen.

Wenn wir uns entscheiden, im Hier und Jetzt zu leben, und uns in diesem Augenblick vollständig darum bemühen, mit unserer Liebe andere zu erreichen und ihnen zu dienen, geschieht etwas Großartiges. Wir entdecken, daß wir nicht mehr von unserem eigenen Körper und unseren eigenen Problemen in Anspruch genommen sind.

Das steht in krassem Gegensatz zum Glaubenssystem des Egos, das uns sagt, wir sollten zuerst einmal an uns selbst und unsere kleine Familie denken und dann vielleicht in

Betracht ziehen, anderen zu helfen – falls sie unsere Hilfe
auch verdient haben. Das Ego versucht uns einzureden, wir
seien einfach zu beschäftigt und hätten keine Zeit, anderen
zu helfen. Das Ego glaubt an eine Welt, in der »ich zuerst«
komme. Die Vorstellung, daß wir »empfangen, was wir
geben«, ist ihm völlig fremd.

☐ *Wenn wir total davon in Anspruch genommen sind,*
anderen zu helfen, stellen wir fest, daß wir soviel Frieden
und Freude erleben können, daß es unsere kühnsten
Vorstellungen überschreitet.

Beispiel

Vor kurzem war ich (Diane) in Palo Alto, Kalifornien, auf
Geschäftsreise. Es war einer jener total verplanten Tage, wo
ich nichts von alldem zu Ende bringen konnte, was ich mir
vorgenommen hatte.

Ich hetzte gerade zu einer Verabredung, und mein Kopf
lief auf Hochtouren, als mir ein sehr gebrechlicher älterer
Mann auffiel, der sich gegen eine Hauswand lehnte. Er
klammerte sich an seinem Spazierstock fest und sah aus, als
ob der Wind ihn jeden Moment umblasen könnte. Wäre ich
weniger gehetzt und in einer normaleren Geistesverfassung
gewesen, hätte ich angehalten und ihm meine Hilfe angebo-
ten. Ich weiß aber, daß ich an jenem Tag, als ich an ihm
vorbeiging, dachte: »Mein Gott, hoffentlich bittet er mich
nicht um Hilfe. Ich habe heute zuviel zu tun, um stehenzu-
bleiben.« Ich ging vorbei, und plötzlich hörte ich ihn rufen:
»Können Sie mir bitte helfen?«

Ich hielt an und erinnerte mich daran, daß alles, was wir
erleben, vollkommen ist, und daß wir uns genau die Welt
erschaffen, die wir brauchen. Ich blieb also stehen, drehte

Wenn Sie anderen von ganzem Herzen helfen,
verschwindet das Bedürfnis zu klagen
und Vorwürfe zu machen von selbst.

mich um und fragte ihn: »Wie kann ich Ihnen behilflich sein?« Er schaute mich an und sagte, da er offensichtlich mitbekam, daß ich in Eile war: »O nein, ich will Ihnen keine Unannehmlichkeiten bereiten.« Ein Teil meines gespaltenen Denkens sagte: »O gut, hier ist die Chance kehrtzumachen und weiterzulaufen. Na, los doch, ergreife sie!«

Ich sagte zu dem Mann: »Nein, das ist schon in Ordnung. Sie halten mich keinesfalls auf. Ich habe Zeit für Sie. Was kann ich für Sie tun?«

»Nun«, sagte er, »ich möchte die Straße überqueren, um zu dem Haus da zu gelangen.« Er zeigte, wohin er wollte. »Dort wohne ich.« Es war eine große, verkehrsreiche Kreuzung.

Ich entgegnete: »Gut, ich begleite Sie gerne dorthin.« Wir hätten kaum langsamer gehen können und brauchten über zwanzig Minuten, um sämtliche Straßen zu überqueren.

Während wir nebeneinander hergingen, begann ich zu lächeln und dachte: »Welch wunderbarer Lehrer für Liebe und Heilung ist dieser Mensch für mich. Er bringt mir bei, in meinem Leben nicht so in Eile zu sein.« Plötzlich war ich dankbar für die Zeit mit ihm, und als wir uns verabschiedeten, fühlte ich mich sehr friedlich und liebevoll, geheilt von dem gehetzten Denken, das ich durch meinen unmöglichen Terminplan ausgelöst hatte. Mir wurde bewußt, daß ich diese Art der Zeitplanung, für die ich selbst verantwortlich bin, oft dazu benutze, meinen eigenen inneren Frieden zu sabotieren.

Bevor ich diesen Mann getroffen hatte, war ich völlig mit all den Dingen beschäftigt, die ich erledigen mußte, und rannte die Straße entlang, als gäbe es auf der ganzen Welt nur mich und meine Termine. Dieser Mann gab mir mit seinem simplen Bedürfnis die Gelegenheit, mein Denken zu ändern, in die Gegenwart zurückzukehren und zu einem Augenblick von Liebe und Frieden zu finden, indem ich einem anderen Menschen half.

Mit wem ich heute auch zusammen bin, ich werde mir die Frage ins Gedächtnis rufen: »Wie kann ich anderen dienen?« – und mich daran erinnern, daß ich mich selbst heile, indem ich anderen helfe.

Lektion 13

Ich kann heute
frei von Leid sein

Sämtliche Ängste gehören der Vergangenheit an,
denn ihre Quelle ist längst versiegt
und damit auch die entsprechenden Gedanken.
In der Gegenwart zählt allein die Liebe.

Die Gründe für unseren Ärger sind immer andere als wir annehmen. Wenn wir uns über Dinge aufregen, die wir in einer Beziehung erleben, liegt der wahre Grund in unverarbeiteten Erfahrungen aus unserer Vergangenheit, und wir können uns vom Leiden befreien, wenn wir die Vergangenheit loslassen. Es hilft uns, wenn wir wissen, daß unsere Weigerung zu verzeihen und die entsprechenden Gedanken die Wurzeln unseres Leidens bilden. Unser Ego drängt uns, Schmerz und Angst lebendig zu halten, denn es glaubt, nur so könnten wir uns davor schützen, erneut verletzt zu werden. Unser spirituelles Selbst jedoch weist uns immer wieder darauf hin, daß das Leiden in dem Moment verschwindet, wo wir uns und anderen vergeben.

Viele von uns suchen sich für ihre Liebesbeziehungen, Freundschaften und sogar für Arbeitskontakte Menschen aus, mit denen sie unbewußt versuchen, frühere schmerzliche Konflikte erneut durchzuspielen, um sie aufzulösen. Der Konflikt hat vielleicht überhaupt nichts mit dem Menschen zu tun, den wir vor uns haben.

☐   *Wir können die Konflikte in unseren Beziehungen nur
heilen, wenn wir sie bis zu ihrer Quelle zurückverfol-
gen. Wenn wir verleugnen, daß das wahre Problem in
unserer Vergangenheit liegt, lassen wir damit lediglich
zu, daß ein Konflikt bestehen bleibt und in unseren
Beziehungen immer wieder auftaucht. Wir neigen zu
dieser Form von Verleugnung, wenn wir das Gefühl
haben, die Verletzungen der Vergangenheit seien so
schmerzlich, daß wir sie uns einfach nicht anschauen
können. Eine Seite in uns möchte alte Konflikte für
immer begraben, weil wir keine Hoffnung haben, sie
heilen zu können.*

Beispiel

Während eines Workshops für die Heilung von Beziehungen, den wir vor kurzem im Mittleren Westen abhielten,
erzählte eine über siebzig Jahre alte katholische Nonne
unserer Gruppe, wie sie nach innen gegangen war, um alte,
unbewältigte Dinge zu verarbeiten. Obwohl sie scheu war,
zeigte sie doch sehr viel Entschlossenheit, als sie darüber
sprach, wie sehr sie darunter litt, ihrer älteren Schwester, die
auch Nonne war, soviel Ärger und Ungeduld entgegenzubringen. Als wir sie fragten, ob sie bereit sei, sich das einmal
genauer anzuschauen, sagte sie, sie habe gerade an diesem
Morgen um Hilfe gebeten, um sich von ihrem Schmerz
befreien zu können.

Wir halfen ihr, den alten Verdruß um ihre Schwester in
einem Rollenspiel zu erforschen. Eine andere Frau spielte
dabei die Schwester, und die Nonne kam an einige alte
Gefühle heran, die sie festgehalten und tief in sich vergraben
hatte. Wir gingen immer weiter zurück, bis wir an den
Punkt gelangten, wo alles angefangen hatte.

Als die Nonne etwa sieben Jahre alt war, sagte der Vater ihr und ihrer Schwester, daß er einen Groschen zahlen würde, wenn sie seine Schuhe schön putzten. Nach der Erzählung der Nonne war sie diejenige gewesen, die die Schuhe des Vaters blank geputzt hatte, während ihre Schwester den Groschen bekam. Ihr fiel auch auf, daß ihrer Schwester die ganze Liebe des Vaters und all die Zuwendung, die damit einherging, galt. Sie hatte bislang nicht gewußt, daß der Ärger, den sie ihr Leben lang auf ihre Schwester verspürt hatte, zurückging auf den Groschen und die Schuhe und alles, was die Geschichte darüber hinaus für sie bedeutete. Als sie zurückging, um sich noch einmal in die Siebenjährige zu versetzen, konnte sie laut losschreien und einen Teil des Ärgers loswerden, den sie in all diesen Jahren innerlich gehegt hatte.

Diese Frau verspürte zum erstenmal in ihrem Leben eine wirkliche Bereitschaft, zu vergeben und ihre Vergangenheit loszulassen. Wir waren während dieses Rollenspiels zusammen mit Hunderten von anderen Menschen Zeugen davon, daß eine harte, rigide Frau, die viele Ecken und Kanten hatte, anfing, weich zu werden. Es schien, als würde ihr ganzer Körper plötzlich runder, und sie verjüngte sich vor unseren Augen.

Ein jüngeres Mitglied derselben Gemeinde erzählte uns, daß diese Schwester im Zusammenleben immer äußerst schwierig gewesen sei. Sie machte allen das Leben schwer, die scheinbar zu den »Privilegierten« zählten oder auf andere Weise »bevorzugt« wurden. Niemand hatte jemals verstehen können, warum sie bei solchen Gelegenheiten so hart war. Jetzt wurden die Zusammenhänge klar.

Wie die Nonne uns später erzählte, sprach sie mit ihrer Gemeinde über ihre Erfahrung und die frischgeheilte Verbindung zu ihrer Schwester. Kurz nachdem sie die Beziehung in sich geheilt hatte, besuchte sie ihre Schwester, und es kam zu einem harmonischen Zusammentreffen. Wir müssen immer wieder darüber staunen, welche Macht unsere Bereitschaft hat, den alten Kummer zu heilen, an dem wir gedanklich festhalten, und wie stark die Heilung unserer augenblicklichen Beziehungen dadurch gefördert wird.

Ich kann mich heute vom Leiden befreien, wenn ich meine Weigerung zu verzeihen und das damit verbundene Denken aufgebe.

Lektion 14

Vergebung erfüllt
alle meine Wünsche

*An einer Klage festhalten, heißt zulassen,
daß das Ego Ihr Denken beherrscht.*

Was wollen Sie wirklich vom Leben? Wünschen Sie sich
Glück, inneren Frieden, liebevolle Beziehungen ohne Spannungen
und Feindseligkeiten? Vergebung schenkt uns all
dies und noch mehr. Sie ist der Schlüssel zur Lösung unserer
sämtlichen Probleme. Sie weist uns nicht nur den Weg zu
Glück und Freude, sondern auch zu körperlichem Wohlbefinden,
denn wenn wir vergeben, fühlen wir uns körperlich,
geistig und seelisch ausgeglichen und in Harmonie. Vergebung
ist für uns der Schlüssel zur Freiheit. Sie ermöglicht
uns, frei zu schweben wie ein Adler und den Stacheldrahtzaun
einzureißen, den wir um unser Herz errichtet haben.

Halten Sie einmal einen Moment inne, und denken Sie an
einen Menschen, dem Sie nach wie vor nicht verzeihen
können. Vielleicht haben Sie beim Gedanken an diese Beziehung
das Gefühl, zu bekommen, was Sie wollen, wenn Sie
an Ihren Klagen festhalten. Vielleicht fühlen Sie sich verletzt,
weil das Leben Ihnen »einen Schlag versetzt« hat.
Oder Sie glauben, der andere habe mit seinem Verhalten Ihr
Leiden verursacht.

Vielleicht meinen Sie, immer noch darunter zu leiden, daß
Ihre Eltern Sie nicht genug geliebt haben. Mag sein, daß Sie
etwas so Schmerzliches wie eine Scheidung durchgemacht

oder im Beruf und im Privatleben Ablehnung erfahren haben. Vielleicht spüren Sie Kummer oder sogar Ärger, weil jemand, der Ihnen sehr nahesteht, weggezogen ist, oder ein Mensch, den Sie liebten, starb.

Achten Sie darauf, wie Sie sich fühlen, wenn Ihre Klagen zum Vorschein kommen. Wenn es nach unserem Ego geht, sollen wir nicht merken, daß wir uns in Wirklichkeit an das Leiden klammern und Frieden und Glück von uns fernhalten, wenn wir mit unserem Klagen fortfahren.

Wir können bewußt entscheiden, ob wir weiter klagen oder vergeben wollen. Wenn wir beschließen, bei unseren Klagen zu bleiben, laden wir uns Schmerz, Konflikt und Leiden auf. Entscheiden wir uns zu vergeben, fühlen wir uns augenblicklich leichter, als fiele eine Tonnenlast von uns ab. In dem Augenblick, in dem wir vergeben, verschwinden all der Schmerz und das Leiden, die durch unsere Klagen verursacht wurden.

☐ *Wenn wir beschließen zu vergeben, heißt das, daß wir unsere inneren Konflikte nicht mehr auf die äußere Welt projizieren, und damit befreien wir uns aus dem Gefängnis unserer eigenen Gedanken und Gefühle.*

Beispiel

Ein Freund, den wir Will nennen wollen, erzählte uns folgende Geschichte: Er und seine Frau waren geschieden. Ihre Kinder, die zu der Zeit vier und sechs Jahre alt waren, lebten bei der Mutter. Wills Exfrau heiratete wieder, und zwar einen Mann, der zwanzig Jahre älter war als sie. Es stellte sich heraus, daß er Alkoholiker war. Der neue Ehemann beschimpfte und bestrafte die Kinder, und Will war äußerst ärgerlich auf seine Frau, weil sie einen solchen Mann geheiratet hatte. Aber er fühlte sich hilflos und glaubte, nichts dagegen unternehmen zu können.

Eines Tages beschloß er, in seinem Leben einen spirituellen Weg zu gehen, und er hörte innerlich eine leise Stimme, die ihn mahnte, seine Feinde zu lieben. Plötzlich wurde ihm klar: Wenn er seine Feinde lieben und ihnen verzeihen würde, schloß das auch seine Exfrau ein. Er wußte, daß das schwierig sein würde, denn sie stand auf seiner Feindesliste obenan. Trotzdem begann er bei seinen täglichen Übungen mit einem Gefühl der Vergebung an sie zu denken. Jeden Tag visualisierte er sie, umgeben von reinem weißen Licht, was seinem Bild von Vergebung und Frieden entsprach. Er spürte, wie sein Groll und Ärger auf sie sich allmählich auflösten.

Zwei Monate, nachdem er angefangen hatte, ihr zu vergeben, bekam er einen freundlichen Anruf von seiner Exfrau. Sie teilte ihm mit, daß sie ihren jetzigen Mann verlassen habe, um mit den Kindern ein neues Leben anzufangen. Sie bat Will um Verzeihung und gab ihrer Hoffnung Ausdruck, ihre Gespräche mögen in Zukunft freundlicher und kooperativer verlaufen als früher.

Will erzählte uns, daß er absolut erstaunt darüber gewesen sei, welche Macht das Vergeben habe. Er sagte, er habe sich anfangs gar nicht vorstellen können, seiner Exfrau jemals zu vergeben, aber dann rief er sich ins Gedächtnis, daß Vergebung eine Entscheidung war, die er bewußt treffen konnte.

Heute bin ich bereit, jedem Menschen zu vergeben, auf den ich noch einen alten Groll habe.

Ich werde einen Augenblick still sein

Seien Sie einfach still.
Dafür brauchen Sie keine weitere Anleitung, nur dies:
Wenn Sie sich heute hinsetzen zu Ihren täglichen Übungen,
lassen Sie zu, daß Sie sich über den Alltagsgedanken
erheben und Ihre Wahrnehmung von den physischen
Grenzen befreien. Seien Sie einfach still, und lauschen Sie.

Von dem Augenblick an, wo wir morgens erwachen, bis zum Schlafengehen ist unser Kopf voller Gedanken, die viele Entscheidungen beeinflussen, die wir im Laufe des Tages treffen. Bei den meisten von uns laufen diese Gedanken in viele, oft ganz entgegengesetzte Richtungen, was zu Mißstimmigkeiten führt. Bei näherer Untersuchung können wir außerdem entdecken, daß viele unserer Gedanken auf früheren negativen Erfahrungen beruhen, und trotzdem lassen wir oft zu, daß sie unsere gegenwärtigen Entscheidungen beeinflussen.

Die täglichen hektischen Ereignisse in unserem Leben bewirken häufig, daß unser Denken noch wirrer wird. Wir stellen fest, daß unsere Gedanken umherschweifen, und hätten sie gern besser unter Kontrolle. Einigen von uns jedoch erscheint es unmöglich, ihr Denken zu kontrollieren. Wir glauben, zu viele Anreize verarbeiten und zu viele Dinge erreichen zu müssen, und bei unseren hektischen Versuchen geraten wir außer Atem.

Das Glück liegt in der Gegenwart.

Um unseren Verstand so umzuschulen, daß er ruhig und
klar, statt geschäftig und verwirrt ist, müssen wir den
Wunsch nach innerem Frieden verspüren. Wir brauchen
auch Selbstdisziplin. Ein disziplinierter Geist ist ein freier
Geist ohne wirre Knoten. Er ist frei von Konflikten und läßt
sich in seiner Kreativität von der Stille der Liebe nähren und
fördern.

    Wir beide lieben Spruchweisheiten wie: »Ein geschäftiger
Geist ist ein kranker Geist. Ein langsamer Geist ist ein
gesunder Geist. Und ein stiller Geist ist ein göttlicher Geist.«

    Oft sagen wir, daß wir ruhige, friedliche Gedanken an-
streben, ohne das wirklich zu meinen. Wenn wir uns *tat-*

sächlich mit jeder Faser unseres Wesens einen stillen und friedlichen Geist wünschen, wird er auch still und friedlich. Halten wir einen Augenblick lang inne, beginnt die geschäftige Welt um uns herum zu versinken. Dann befinden wir uns in einem Zustand vollkommener Ruhe – still und friedlich –, in dem es weder Worte noch Zweifel und Ängste gibt.

Wenn wir einen Augenblick lang still sind, kommen wir in den Genuß eines Geisteszustands, der einem Hafen ähnelt, der uns von all der Geschäftigkeit, der wir in der Welt ausgesetzt sind, völligen Schutz bietet. Er fühlt sich an wie unsere »Heimat«, denn in diesem Augenblick der Stille kehren wir wieder einmal zurück an jenen Ort des Friedens und der Liebe, der in unserem Herzen immer zu finden ist und an dem wir wirklich heimisch sind. Es ist so wichtig, uns beim Umschulen unseres Denkens möglichst oft daran zu erinnern, die Augenblicke der Stille zu achten und den Frieden zu spüren, der in dieser Stille zu finden ist.

Beispiel

Wir möchten Ihnen vorschlagen, selbst ein Beispiel zu geben. Wenn Sie dazu bereit sind, legen Sie bitte das Buch beiseite, und schließen Sie einen Augenblick lang Ihre Augen. Lassen Sie den Wunsch entstehen, einen Augenblick lang wirklich still zu werden und zu erleben, wie Ihr Denken sich beruhigt. Machen Sie ein paar tiefe Atemzüge, und konzentrieren Sie sich darauf, die äußere Welt einen Moment lang loszulassen.

Spüren Sie in diesem Augenblick die Stille wie einen unbewegten See, auf dem ein schöner Schwan seine Bahnen zieht. Spüren Sie die Verbundenheit in der Natur, und lassen Sie zu, daß Sie Teil werden von allem, was existiert.

Sagen Sie in dieser angenehmen Stille ruhig zu sich: »Ich werde einen Augenblick lang still sein und nach Hause zurückkehren.«

Heute werde ich mich möglichst oft daran erinnern, einen Augenblick lang still zu werden, denn ich möchte wirklich erleben, wie wohltuend ein friedlicher Geist ist.

Nachwort

Tief in unserem Innern ist alles vollkommen,
bereit, durch uns in die Welt zu strahlen.

Wenn wir verzeihen und die Illusion unserer Getrenntheit aufgeben, öffnen wir uns der Realität, daß all unsere Beziehungen existieren, um die Liebe widerzuspiegeln, die der letzten und höchsten Beziehung innewohnt, unserer wahren Beziehung zu unserer Quelle. Hier stoßen wir nicht auf Illusionen, denn keine Illusion kann hier jemals eindringen.

Laßt uns einander helfen, alle Angst loszulassen und die grenzenlose, ewige Liebe zu erfahren, die unser natürliches Erbe ist. Laßt uns einander helfen, zur Heimat der Liebe tief in unserem Herzen zurückzukehren, die wir niemals wirklich verlassen haben.

Laßt uns aus dem Schlaf des Vergessens erwachen und uns hingebungsvoll an Gottes unendliche Liebe und Vergebung erinnern. Laßt uns einander helfen, der Versuchung zu widerstehen, andere zu verurteilen oder einem anderen Menschen unsere Liebe vorzuenthalten.

Laßt uns mit jedem Atemzug, jedem Herzschlag und jedem Schritt, den wir gehen, Liebe und Vergebung zur einzigen Botschaft jedes neuen Tages erklären. Möge das Licht unserer Liebe immer hell scheinen, so daß es nirgendwo mehr Dunkelheit gibt.

Laßt uns in jedem Menschen, dem wir begegnen oder an den wir denken, die totale Unschuld eines Kindes und Gottes Antlitz sehen. Wir wollen uns in all unseren Beziehungen

Ich bin als Liebe erschaffen worden,
und Liebe kennt keine Grenzen und keinen Tod.

liebevoll umarmen und unsere Verbundenheit, unser Einssein und unsere Freude feiern.

Mögen die Glocken der Gewißheit laut und rein läuten
und unser Herz erfüllen, während wir uns gegenseitig sagen: »Ganz gleich, wie die Frage lauten mag – Liebe ist die
Antwort.«

Wie immer die Frage *lautet,*
                      Liebe ist die Antwort.
Welches Problem *wir auch haben,*
                      Liebe ist die Antwort.
Woran wir auch erkranken *mögen,*
                      Liebe ist die Antwort.
Was auch immer uns schmerzt,
                      Liebe ist die Antwort.
Welche Angst *wir auch immer verspüren,*
                      Liebe ist die Antwort.

Liebe ist immer die Antwort,
                      denn Liebe ist alles, was ist.

Die Autoren über sich

Das Schreiben dieses Buches hat uns beiden in unserem Leben sehr viel Heilung gebracht. Wir haben es für Menschen geschrieben, die – wie wir selbst – daran glauben, daß es einen besseren Weg geben muß, in dieser Welt zu leben, und die bereit und entschlossen sind, ihn zu finden.

Wir haben es für diejenigen geschrieben, die bereit sind, ihre Überzeugungen zu revidieren und vielleicht auch zu lernen, sich nur für die zu entscheiden, die inneren Frieden, Liebe und Glück in ihr Leben und das Leben der Menschen um sie herum bringen.

Als wir uns zusammensetzten, um über Beziehungen zu schreiben, wurden wir erneut darauf hingewiesen, daß wir lehren, was wir selbst lernen möchten. Es gibt in unserem Leben immer noch viele Tage, an denen wir mit der Herausforderung zu kämpfen haben, uns in all unseren Beziehungen für Harmonie, Akzeptanz und Liebe zu entscheiden, und zwar sowohl in Beziehungen zu Menschen, die neu in unser Leben treten, als auch zu denen, die wir seit unserer Kindheit kennen. Das ist selten ein leichtes Unterfangen, denn wenn etwas schiefgeht, sind wir immer noch in Versuchung, jemanden zu finden, dem wir Vorwürfe machen können, oder uns selbst zu verurteilen und abzulehnen.

Obwohl wir beide seit 1975 in derselben Kleinstadt gewohnt und gearbeitet haben, sind wir uns erst am 30. August 1981 begegnet. Wir waren in vieler Hinsicht die ungeeignetsten Kandidaten für eine Beziehung, die man sich vorstellen kann. Wir kamen in zwei verschiedenen Jahrzehnten in entgegengesetzt gelegenen Gebieten des Kontinents auf die

Welt, sind von zwei verschiedenen Glaubensrichtungen geprägt worden und haben unter zwei verschiedenen Kriegen
gelitten. Und trotzdem stellten wir fest, daß wir viele Gefühle, Lebensziele, Freuden und Sorgen teilen.

Die ersten zweieinhalb Jahre unserer Beziehung verliefen
stürmisch und waren voller Konflikte. Das begann sich zu
ändern, als wir entdeckten, daß viele unserer Streitigkeiten
in Wirklichkeit auf frühere Beziehungen in unserem Leben
zurückgingen, die wir noch nicht geheilt hatten. Wir begannen, die Macht des Vergebens zu entdecken, und lernten
umzudenken. Die Folge war, daß unser Leben anfing, sich
zu verändern.

Trotz unserer unterschiedlichen Hintergründe, Lebensal-
ter und Erfahrungen entdeckten wir, daß unser beider Leben, wie das so vieler Menschen, die wir kannten, voller
Schmerz, Verletzungen, Tränen und Zorn war, die aus ungeheilten Beziehungen stammten. Beim Schreiben dieses Buches wurde uns immer mehr bewußt, daß sowohl unsere
Kindheit als auch unser Erwachsenenleben voll von Erfahrungen war, die bewirkten, daß wir Angst vor intimen
Beziehungen und vor Liebe bekamen.

Wir waren beide das jüngste von drei Kindern und hatten
tiefe Narben vom Aufwachsen in Familien, in denen es eine
dominierende Kraft gab – für Jerry war das seine Mutter,
für Diane ihr Vater gewesen. Wir mußten beide schmerzliche Beziehungen und eine gescheiterte Ehe erleben sowie
eine große Bereitschaft entwickeln, auf neue Weise offen
und ehrlich miteinander umzugehen, bevor wir allmählich
die Erfahrung machen konnten, daß es wirklich einen anderen Weg gibt, sich in dieser Welt aufeinander zu beziehen.

Während der vielen Workshops und Vorträge, die wir
im Verlauf der Jahre gemeinsam durchführten, haben wir
erlebt, mit welchem Mut andere ihr tiefstes Innerstes zeigen,
um wachsen zu können. Diese Menschen haben uns ange-

regt, unsere eigenen inneren Türen zu öffnen und Licht in die dunklen Ecken unserer familiären Vergangenheit zu bringen. Wir erkannten schließlich, daß wir sehr oft ganz wichtige Wesenszüge aufgegeben hatten, um zu bekommen, was wir glaubten für unsere Sicherheit zu brauchen. Der heftige Schmerz, den wir verspürten, wenn wir die Kontrollmechanismen offenlegten, die wir uns so schlau ersonnen hatten, um in einer gestörten Familie emotional überleben zu können, wurde zur Chance, unsere alten Tricks zunächst für uns selbst und allmählich auch für viele andere in Werkzeuge der Transformation umzuwandeln.

Die Beziehung, die Menschen zu ihren Eltern haben, ob geheilt oder ungeheilt, spiegelt sich direkt in ihren gegenwärtigen Beziehungen wider. Im Verlauf unserer weltweiten Vortragsreisen haben wir unsere Zuhörer immer wieder gefragt: »Wer hat die Beziehung zu seinen Eltern oder einem Elternteil noch nicht geheilt?« Ganz gleich, in welchem Land und welcher Kultur wir uns befanden, immer hoben mindestens fünfundsiebzig Prozent der Anwesenden ihre Hände.

Als uns klar wurde, daß wir in Hinsicht auf unsere eigenen Eltern noch weitere Heilungsarbeit leisten mußten, konnten wir gegenseitig das ängstliche Kind in uns sehen. Der wichtigste Aspekt unserer Beziehung war wahrscheinlich der, eine vertrauenswürdige und zuverlässige Freundschaft zu entwickeln. Wir haben mit Hilfe von viel harter Arbeit allmählich erleben können, welche Freiheit durch Ehrlichkeit möglich ist und wie der Wunsch entsteht, unsere Beziehung fortzusetzen, wenn wir füreinander ein offenes und sicheres Umfeld schaffen.

Ein wichtiger Schlüssel zur Lösung von Konflikten, die zwischen uns entstehen, ist die auf beiden Seiten neue Bereitschaft gewesen, uns gegenseitig um Hilfe zu bitten.

Wenn wir uns angegriffen fühlen und unseren Ärger aufeinander abwälzen wollen, schaffen die einfachen Worte:
»Ich brauche deine Hilfe!« für uns eine völlig neue Atmo-
sphäre.

Das gelingt uns nicht immer, aber wir tun unser Bestes,
um weiterhin offen zu bleiben, täglich neu lieben und loslassen zu lernen, nicht zu klammern und eine Beziehung miteinander zu leben, in der es keine Forderungen oder Anmaßungen gibt. Unser gemeinsames Ziel ist der Friede Gottes,
und unser beider Wille ist vereint, um anderen dienen zu
können.

Wir sind wirklich gesegnet, so viele wunderbare Freunde
und Lehrer zu haben, die sich uns angeschlossen haben auf
dem Weg zu einer anderen Sicht der Welt und der menschlichen Beziehungen. Auf unserer gemeinsamen Reise haben
wir soviel bedingungslose Liebe beobachtet und erfahren,
daß es unsere Vorstellungen übertraf.

Wir haben unser Bestes getan, um eine Beziehung zu
entwickeln, die darauf beruht, zu geben und dem anderen
ebensoviel Interesse entgegenzubringen wie uns selbst. Wir
müssen in unserer Beziehung unsere »Vorschriften« für den
anderen täglich neu aufgeben. Jeder von uns versucht, auf
seine eigene innere Stimme zu hören und in seinem Denken,
Sagen und Tun ihren Eingebungen zu folgen.

Der auf beiden Seiten vorhandene große Wunsch, einen
anderen, besseren Weg zu finden, uns aufeinander zu beziehen und in all unseren Beziehungen eine tiefere Harmonie
zu erfahren, hat uns zusammengeführt, um dieses Buch zu
schreiben.

Immer noch gibt es Tage, an denen wir im Streit sind und
an denen es nicht nur in unserer Beziehung, sondern auch in
der Begegnung mit anderen Menschen in unserem Leben an
Harmonie mangelt. Geändert hat sich aber, daß wir heute
das Gefühl haben, zumindest in die richtige Richtung zu

gehen und neue Werkzeuge in der Hand zu haben, die uns helfen, Probleme zu lösen und Raum für Frieden statt für Konflikt, für Liebe statt für Angst zu schaffen.

Danksagung

Mit tief empfundener Achtung möchten wir den vielen Menschen danken, die ihr Leben mit uns geteilt haben. Die Art und Weise, wie wir beide von jedem von ihnen gelernt haben, findet in diesem Buch Ausdruck.

Unser wärmster Dank und unsere besondere Anerkennung gelten unserem lieben Freund Hal Zina Bennett, der mit uns zusammen viele Stunden bei der Herausgabe dieses Buches verbracht hat, und Jack O. Keeler für seine wunderbaren Zeichnungen, die die Ideen, die wir hier vorstellen, illustrieren.

Unser Dank und unsere Liebe gehen auch besonders an Michelle Rapkin, unsere Lektorin bei Bantam, für ihre Unterstützung und Ermutigung.

Wir möchten hier auch dankbar erwähnen, daß dieses Buch auf den Grundsätzen von *A Course in Miracles* (Kurs der Wunder) beruht, und wir sind Judith Skutch Whitson und Robert Skutch von der *Foundation for Inner Peace* zutiefst dankbar für ihre Erlaubnis, daraus zitieren zu dürfen. Einige der Zitate haben wir als Kapitelüberschriften verwendet.

Andere kurze Zitate leiten als Motto die Kapitel ein. Wir haben sie ausgewählt, weil sie außerordentlich hilfreich für das Verständnis der von uns vorgestellten Grundsätze sind.

A Course in Miracles wurde veröffentlicht von *The Foundation for Inner Peace, P.O. Box 635, Tiburon, California 94920.*

GOLDMANN

Gerald G. Jampolsky

Liebe überwindet alle Grenzen   12505

Lieben heißt die Angst verlieren   10381

Wenn deine Botschaft Liebe ist ...
13611

Die Kunst zu vergeben   13590

Goldmann · Der Taschenbuch-Verlag